湛庐 CHEERS

与最聪明的人共同进化

HERE COMES EVERYBODY

如何成为团队中不可或缺的人

The Art of Being Indispensable At Work

[美] 布鲁斯·图尔甘（Bruce Tulgan） 著
白瑞霞 译

浙江教育出版社 · 杭州

目 录

测一测

想成为团队中不可或缺的人，你知道怎么做吗?

扫码鉴别正版图书
获取您的专属福利

扫码获取全部测试题及答案，
一起了解如何成为职场达人

- 研究表明，一个人的大脑无法同时处理多项任务，这是真的吗?（ ）

  A. 真

  B. 假

- 与同级产生冲突时，职场达人的做法是：（ ）

  A. 与具体的决策者保持一致

  B. 将冲突升级

  C. 避开上级，自己解决

  D. 妥协

- 以下哪项有助于你与同事建立稳固的人际关系?（ ）

  A. 经常与同事谈论个人隐私

  B. 经常与同事下班后吃饭

  C. 给同事送礼或者交换其他利益

  D. 与同事共同关注工作任务本身

扫描左侧二维码查看本书更多测试题

THE ART OF BEING INDISPENSABLE AT WORK

引言

成为职场达人的 7 大法则

THE ART OF
BEING INDISPENSABLE
AT WORK

如果
你想成为
一名不可或缺的人，
你就不能有求必应。

引言
成为职场达人的 7 大法则

假设明天一早，某位收费昂贵的职场顾问突然出现在你的工作场所。据称，他和我一样，是一名员工绩效评定专家。他来这里的目的只有一个：对包括你在内的所有员工进行人才盘点。

> 谁在工作中是不可或缺的？
>
> 谁是可有可无的？
>
> 谁是混迹其间、不上不下的？
>
> 导致员工难以取得工作成绩的原因是什么？
>
> 绩效评定专家又会对你的工作表现给予怎样的评价？

如果你和大多数人一样，那么最后一个问题可能会让你停下来想一想。这倒不是因为你不擅长自己的工作，而是较之以往，现在的工作方式更复杂且难度也更大。

在当今职场，你比以往任何时候都需要和更多的人协同合作。你不只是和身边几位认识的同事在一起工作，你的工作关系实际上遍布整个组织结构，在或向上、或向下、或水平线、或斜线的各个方向延伸。这种复杂的状况可能是偶尔一次的，也可能是不时发生的，但更可能是常态化的。很多人只在邮件上联系过你，有些人你也许只跟他们一起开过会，或通过电话。

在当今职场，除了会和自己的上级及团队成员互动，你还可能在为一个数量庞大的“内部客户”群提供服务，其中有来自不同层级、不同方向的同事。尽管他们中的大部分人你并不认识，但这并不影响他们对你提需求，他们的各种需求让你应接不暇。情况当然也会变化，换作你需要他人的协助。这时，你就成为向他人提出需求的一名“内部客户”，而且，你通常都很难向对方追责。

这种工作模式会让你或你的同事在某一刻禁不住想要抱怨两句如今在职场上常会听到的话：

“你又不是我上级！”

“这又不是我的事！”

的确，对大部分职场人来说，大家都希望在工作中能互相依赖，彼此助力。每个人也都希望自己能够成为职场达人。然而，有求必应、来者不拒可能会让你患上过度承诺综合征。它会大大降低你在他人心目中的可信度，何谈成为不可或缺的人？

问题的症结恰在于此：如果你想成为一名不可或缺的人，你就不能有求必应。不懂拒绝的过度承诺是你成为职场达人的拦路虎。当我们试图在职场中让自己变得不可或缺，它通常意味着我们要不断突破自己能力的极限。然而，如果接手的工作过于繁杂，那么你对工作事项的优先级排序将会是一团乱麻。结果，原本重要的工作被搁置、被延宕。你禁不住开始想，这些需要你协作参与的事务究竟何时才能结束，好让你回归本职工作。

在此，我想提醒大家的是：在那一刻，这种协同合作就是你的本职！在当今职场，全盘布局的协同合作是一种工作常态。那么在现实的工作环境中，一名职场达人如何才能赢得自己的真实影响力，如何才能战胜过度承诺综合征并做好正确的事呢？答案就在于他能够出色地完成协同合作。

如何成长为一名职场达人，如何在工作中变得不可或缺，这门艺术正是本书意图探讨的。

当协作成为最新的工作方式

职场是如何一步步发展到今天的？原本我们熟悉的自上而下的管理模式，或者大老板一言九鼎发号施令的工作模式是如何转变为今天多层级、多方向的协同合作的呢？为了回答这个问题，我们有必要先回顾过去。

1993年，我创立了主业为管理研究和培训的公司“播雨思维”(RainmakerThinking)。此后，一些公司开始邀请我做报告、培训部门经理、观察公司运营状况、采访管理层、组织焦点小组以及与员工对谈。这使我有机会向成千上万在不同形态、不同规模的公司中工作的人们（粗略估计约有50万人）问及一个最基本的问题：在工作中遇到什么样的挑战会让你觉得推进和完成任务变得十分困难？

在过去超过25年的时间里，我听到的答案可以说是大同小异。在1993年让大家倍感挑战的基本问题直到今天似乎依然困扰着人们。举例来说，我一开始就听到部门经理说管理下属不太容易，因为下属会抱怨理应有其他更好的管理方式。不过，在那时这种垂直的上下级关系至少还是一种权责明确的工作关系。

到了20世纪90年代至21世纪初期，我听到人们谈论起在权责模糊的工作关系中所面对的诸多挑战。这种挑战来自多层级、多方向的工作关系，即一种彼此依赖的协同合作，我们后来称之为“跨越组织内部层级划分”的工作关系。不论是过去还是现在，想从与你呈水平线关系的同事那里获得帮助都很困难，尤其是当对方已经做出过度承诺而你又无法向他问责时，那就更困难了。同样，你在工作中也很少会顾及与你同级的同事向你提出的工作请求。

与现在不同的是，过去在组织内部的层级划分会让偶尔产生的协同合作变得轻松和明确。每个人在自己的位置上都很清楚最终要向谁汇报，所以只需要埋头苦干，做好需要汇报的分内事就可以了，汇报的对象大多数情况下都是自己所在的团队、部门或处于某一职位的某个人。

然而，时至今日，一切都已发生改变。尽管大多数员工名义上还是各司其职，但是他们的日常工作关系却遍布整个组织。以我接触过的来自不同组织机构、不同行业背景的各级工作人员来说，他们大都认为，在权责不明的工作关系中与太多的人协同合作是自己在职场上面临的最大挑战。今天，工作的复杂性和时效性需要每一位员工与组织机构内部不同层级、不同方向的许多人协同合作。对大多数普通人而言，这意味着曾经易于管理的工作任务也会变得相当困难。

假设你在一家生产重型机械的公司从事销售工作。你的工作不只是吸引潜在客户购买公司产品、提高销售纪录、让上级满意，还包括管理客户订单系统，追踪每一笔订单的进程。也许，你要和仓库的工作人员联系，向对方核实库存有货；也许，你要和运输组的工作人员沟通，和对方确定能够准时发货；也许，你还需要反复和客服组沟通，确认技术人员业已到位，能够在机器送达的第一时间为客户安装。

这是你在各个环节都很顺利的情况下的工作流程。而一旦各方配合不利，例如公司仓库没有存货，你的客户在签约数周后仍在等待你交货，这时，你就需要和生产商联系，询问对方为什么生产会跟不上订单需求。

接着，你需要和公司财务联络，确保你的客户在机器成功安装之前不会被收取任何费用。与此同时，公司研发部门的同事想找你聊一聊客户对未来产品开发的意见和建议，客服部想找你谈一谈你送给客户的保修礼包项目过多的问题，公司会计想找你要你的支出报告，IT 部门（信息技术部门）想对你的手提电脑做些改动。

所以，在当今职场，即使各个环节都有序进行，你在一笔简单的业务中需要和来自不同层级、不同部门的同事互动的次数也要比以往多得多，这让人非常头疼。假如你就是这家重型机械公司的一名销售人员，你可能心里会想：我什么时候才能去做自己的本职工作——产品销售呢？

这几乎是每一位职场人的心声。**你在工作中遇到的每一个人都好像成了你的“客户”，同时，你也成了他们的“客户”。你和他们之间有着各个方向上的工作关系。出现大量“内部客户”的原因就在于，协同合作已经成为席卷全球职场文化的新变革。**人们赋予它各种名称，其中不乏一些时髦用语，例如：互相依赖、横向合作、自主管理的项目团队、跨部门合作、虚线汇报、矩阵式管理。

人与人之间的协同合作自古有之，并非新近出现的事物。只要大家一起工作，团队成员之间便需要互相扶持。当每个人都发挥出自己的专长与经验，大家便能很快找到更智慧、更便捷、更有效的解决之道。这一点早在人类茹毛饮血的狩猎时代就已被证明。团队协作在大多数情况下也都是如此。

今天，我们将协同合作称为职场互动的变革，仅仅是为了用一种引人注目的表述方式来描述职场上各个层级、各个方向之间越来越紧密、越来越常态化的互助合作。

简而言之，协同合作是当今职场正在发生的变革。那么，你可能会问：为什么呢?

为什么是现在

有人说这种所谓新式的协同合作不过就是以往大家熟知的团队合作，只不过伴随着技术进步、全球化以及过去数十年来组织机构的重组和再造，团队合作发展成为在更广范围内以更高的频率和密集度发生的协同合作。

这么说在一定程度上也没错，但我们还是有必要深挖细究。

首先，在宏观经济的层面，今天的世界是一个知识推动发展、彼此竞争激烈又紧密连接的世界。即使是非常小的组织机构，也以各种史无前例的方式被镶嵌进由潜在的供应商、合作伙伴和客户组成的全球网络之中。

其次，当员工的工作日益复杂化，雇主必然会对组织机构进行持续性的改造和重组，以提高工作效率和灵活性。这样做的效果远比简单地加强团队合作要惊人：界限分明且有迹可循的管理层级消失了，管理者被赋予更大的管理权限，大家就工作进度进行汇报的对象也随着项目的不同而不同。与此同时，大多数员工发现在本职工作之外，他们会时不时地被拉入各种短期的项目团队中。简而言之，大家需要利用和以往一样有限的资源做更多的事。

借用我的一位客户，同时也是我的朋友杰弗里·克劳斯（Geoffrey Crouse）的话来说："现在的公司需要在很多层面都做到尽善尽美，以期能在行业竞争中脱颖而出。"

杰弗里是一位非常出色的职场达人，在一家业务遍及全球且在行业内处于领先地位的激光公司任 CEO。他对我说，这个世界变化太快，从客户需求、市场竞争到法律法规、贸易准则等都是一日千里，因此，仅仅是为了跟上时代变化的脚步，及时更新公司的全球战略，进而在执行层面做到相应的调整，就已经耗尽心力了。

杰弗里说这也是高效的跨部门、跨职能合作势在必行的直接原因。"过去那种上下有别的垂直管理模式已经无法真正做到向上或向下的管理了，更不用说让公司在竞争中一马当先。"在他看来，今天的管理者必须是"走钢丝"的能手，既能处理传统的垂直权力关系，又能在跨部门的职能合作中带领大家步调一致，持续向前。"即使是销售人员，"杰弗里接着说，"也需要和负责产品研发的团队合作，以期为客户提供更好的产品。生产部门也需要和公司的质检、客服、财务等部门充分合作，从而生产出能够准确戳中客户痛点的好产品。”

这究竟意味着什么

杰弗里所讲的是在组织结构内部尽可能在指挥链的下游展开的协同合作。那么，这么做的目的究竟是什么呢？目的是在组织结构的各个层面加速信息流通，提升决策制订、项目规划、资源共享以及最终执行的工作效率，从而减少浪费和不必要的问题。这种工作环境既不是一种假想，也不是一种期许，而是鲜活生动的现实。它要求组织结构中的每一个人都能够与其他任何一个人直接互动。大家对自己迈出的每一步各自负责，无须彼此报备，甚至在大多数情况下也无须向各自的直属上级报备。

想一想那些为其他部门提供服务的部门。以 IT 部门为例，虽然 IT 部门不隶属于任何部门，但公司里的每一位员工都依赖 IT 部门的工作人员来解决某个与电脑设备有关的问题。想一想我们的工资单，如果你发现自己的工资单有问题，你一定会去找负责工资发放的人员解决问题，即使对方并不向你或你的上级汇报工作。再想一想物业，如果发现卫生间溢水，你会拨通谁的电话？安保、人力资源、财务、法务、发货、收货等职能部门和其中的工作人员，都与你的工作息息相关。

共享服务

无论今天你在职场中扮演着什么样的角色，无论你在哪里工作——餐厅、商店、银行、会计师事务所、医院、学校、建筑工地还是战场，你所做的都是在提供一种共享服务，每个职场人士都是如此。

与过去相比，今天的你为了完成自己的工作需要直接处理多方面的工作关系。你的同事范围正在逐渐扩大。可以说，你和这些各层级、各部门的同事之间并没有清晰的权责界限。

这正是协同合作这一变革的可爱之处。**协同合作让我们以一种“人人为我，我为人人”的互助精神彼此共享服务，让我们齐心协力地解决棘手难题，最终生产出更丰富、更具有灵活性的产品，提供更快捷、更便利的服务。**那么问题来了，为什么这种工作方式反而会让员工感到疲于应对呢?

如果事事都说“Yes”

企业管理层宣扬协同合作的声音有多大，各级员工面对它带来的各种“副作用”就有多沮丧。

你被各种需求搞得应接不暇。你或深或浅都要被淹没在来自各层级、各部门的“内部客户”的各种需求的汪洋大海里。

你想成为一名出色的团队合作者，想获得成为一名职场达人所具备的能量，想成为别人眼中那个可以帮得上忙的人，也许在服务他人的过程中，你的自我感觉也越来越好，所以，面对每一个请求，你都想回应一声“yes”。你深知自己不可能面面俱到，可是，你又常常觉得自己不能说“no”。

你自问：如果我说“no”，那谁能说“yes”？答案有可能就是谁都不行，这个时候，你觉得除了说“yes”，也没有别的选择；答案也有可能是有人可以，那你又会觉得自己最好也说“yes”，否则你在对方眼中会变得不那么优秀。

结果，你在明明可以说“no”的时候也说了“yes”，又或者你根本没有设置合理的期望，也没有仔细思考自己能做什么、何时做、如何做，便一口答应了下来。你是答应了，可是你连问都没问对方诸如“时间期限”“如何完成”这些为了顺利交差你理应了解的信息。于是，面对手头一片繁杂的事务，你不知道要如何按优先级别进行排序。你的上级此时也许会帮你，也许不会。无论如何，你接手的任务都必须完成，而且最好是尽快完成。

一时之间，你“负债累累”。你就像个玩花式抛球的杂耍演员，因为手里的球太多而开始接不住。很快，你便听到球一个个应声落地。真的，一切不过是时间问题。你感觉自己时刻都处于会失信于人的风险之中。你当然不想让你的上级或其他部门的上级感到失望，结果那些与你呈水平关系的同级同事，因为不能向你问责，便成为你最有可能辜负的人。

尽管如此，你答应对方的事还是要做，而且越快越好。就在你因为没有按计划兑现承诺而让他们感到失望的时候，他们的工作也因为你的问题而出现延误或失误。他们很可能会去找你的上级抱怨，你很快就会听到关于自己如何失信于同事而让他们备感失望的话。你禁不住会想：

“哦，领导，难道下次我应该先失信于你？”

你不得不依赖你无权追责的人。这次换成是你在催促，在等待。这种情况就更让人崩溃了。和其他人一样，你也会有求于和你一起工作的或是来自其他团队或职能部门的同事。当你不得不依赖他们的时候，你会发现自己很容易忘记他们很可能和你一样处于过度承诺的状态。

他们也想成为职场达人，或许也和你一样不懂拒绝，继而在面对繁杂的事务时不知要如何排序。所以，如果你的同事失手“掉球”，没能如约兑现给你的承诺，那么你的工作也必定会出现延宕或失误。你有可能也会去报告给他们的上级，不然你还能做什么呢？

或者我们应该改变思路，想一想：他们应该怎么做？和你一样，他们也无法做到来者不拒、有求必应。

你不得不承担本不属于你的工作（EIMJ[①]）。据我所知，这种相互依赖的职场现状给某家机构的员工带来了极大的挫败感，很多人对协同合作都流露出一种负面情绪。这家机构的 CEO 试图让大家通过转变观念而改变态度。他提出了一句口号：“一切都是我的工作！”并以此为主题在公司上下大搞运动。结果，各式各样印有这句口号的咖啡杯、钢笔等小物件突然随处可见。这句口号也很快沦为办公室里的

① 原文为 Everything is my job。——编者注

一则笑谈，大家开始用戏谑的语气互相调侃："啊哈，一切都是我的工作！"

在我接触过的很多公司里，我看到有些人真像是身披了一件印有这句口号的斗篷。我更愿意将他们这种打了鸡血的状态称为"超级英雄情结"。他们一心想成为超级英雄，永远积极正面，永远无所不能。他们力图面面俱到，不想让任何人失望，并为此付出双倍、三倍甚至四倍的努力。对他们来说，好像任务永远不够多，负载永远不够重，无论如何他们都扛得住。

然而令人遗憾的是，再积极的工作态度和再敬业的职业精神也对抗不了过度承诺综合征。没有人能在高强度的工作压力之下始终如一地、面带微笑地对待每一个人。

你开始在工作中频繁出错。来者不拒+不负责任+大包大揽=过度承诺综合征。当你查看自己的待办清单时，如果发现其中的每一项任务都"紧迫且重要"，那么你应该已经罹患此"病症"。你手头的优先事项每日递增。大家都在争夺有限的资源，尤其是有限的人力资源。你的时间和别人的时间在赛跑。没有人能完成所有的事，总有一天，你们注定会让彼此大失所望。即使如此，你们仍然在说："好的，行的，没问题。"

当你过度承诺，你出错的概率自然也会增加，这一点对任何人来说都是如此。工作延误，沟通减少，误解增加，规范无存。当越来越多的事情出现纰漏，每个人都不得不处理层出不穷的延误和失误，由此出现恶性循环，每个人的过度承诺综合征都将越发糟糕。

有多少次你因为某人未能按时交差而不得不在一个项目上白耗时间，又有多少次你就是那个耽误了别人的人。有多少次你因为某人出错而不得不等着对方重来一遍，又有多少次你就是那个工作出错让别人等待的人。当你们都觉得自己被对方任意摆布时，你们还怎么可能彼此帮助，又怎么会从对方那里得到自己想要的东西?

你可能会去纠缠，去乞求，去欺压，去贿赂，去奉承，去操控；你可能会去说服，也会去哄骗；又或者你们都去找对方的上级，结果上级出面也没有解决问题，接着这个问题被报告给更高的上级。显然，你们之间的工作关系和人际互动会因此大受影响。也许，你的上级会说："你们最好在自己所在的层面解决问题。"这可能还真是一计良策，当然前提条件是你们之间的关系还没有坏到无法修复的地步。

你开始产生"受困心态"(siege mentality)。当你欠了一屁股债，你自然很难从别人那里满足所需。你们对彼此的依赖已完全失控，每一次互动都像一场战斗。你感觉自己被层层围困。你与同事很难再互助合作，你们开始互相抵制。

可是，你们又不得不彼此依赖。这种感觉就好像在艰难地追债，你感觉对方一定会让你再次失望，所以你步步紧逼。你很少解释，更多的是要求、抱怨和指责。反过来，如果是你被别人追着跑，你也会感觉对方提出的每一个请求都是对你的一次攻击。你的防御心越来越强，你不再关心事情的进展，而是忙着隐藏、争辩和抵抗。你和同事之间的怨恨悄然滋长，很快，“no，no”几乎成了你的口头禅。你发现自己越来越想说，甚至会脱口而出：“这不是我的工作！你不是我的上级！”

从本质上讲，这种受困心态是面对状况失控时产生的一种情绪反应。然而，这种状况的吊诡之处就在于：当你试图通过接受和展示自己的受困心态来化解它时，它反而会愈演愈烈。你开始毫无缘由地对任何事都说“no”，你的拒绝完全是出于你的工作量和你的心态，你对提出请求的那个人或是这份请求中所蕴藏的机会都视而不见。

问题是，协同合作的需求不会因为你想躲起来就消失不见。你还是需要和那些你无权追责的同事合作，那些需要你参与和配合的工作也会接踵而至。如果你以一种躲避的态度处理问题，别人会觉得你根本无法胜任现在的工作，或者你的工作态度特别差，又或者两者兼而有之。

当你心生抗拒，你实际上就已经开始放弃掌控权，并削弱了自己的掌控能力。一旦如此，就没有人会想与你共事。没有人愿意给你好的项目、支持你、信任你、让你获得成功，或是全心全意地帮你。人们只有在迫不得已时才会考虑与你合作。

你抗拒的态度在无形中也断送了为自己搭建人脉、获取机会的可能性。因为错失了很多好机会，你的自我感觉也越来越差。

这并不意味着你要做的事、要面对的人会有所减少，而是说你会越来越被动，越来越无法自主选择。你越是抗拒，你与他人的协同合作就越是个负担。因为你的选择变少，所以仅有的合作成为压垮你的负累。受困心态就像是你在困境中与施救者厮杀搏斗。

有一些人会被过度承诺综合征彻底拖垮，被受困心态击倒。他们筋疲力尽，满腹抱怨，最后黯然离开。可是，无论走到哪里，他们都会发现自己很快再次陷入类似的困境之中。

也有一些人虽然在筋疲力尽、满腹牢骚之后留了下来，却一直陷在受困心态中无法自拔。他们即使保住了饭碗，也成了公司里状态最糟糕、众人避而远之的人。

幸运的是，大多数职场人迟早都会从受困心态中走出来，重新掌控自己的时间。他们可能在休整一段时间之后精神百倍地重返职场。他们清楚地认识到，只是一味拒绝，一味说“no”，无法让自己成长为一名职场达人。因此，他们重新开始说“yes”。

如此一来，他们很难避免再次陷入泥潭。**事事都说“yes”会直接导致过度承诺，继而再度引发承诺者的受困心态，最终又导致一连串的“no”，这是一个无人获益的恶性循环。**

无权指挥时如何收获所需

对于大多数人来说，与太多人建立各个方向上的工作关系，意味着产生或承接大量的额外工作，这会给人一种时时刻刻都在工作的感觉。

这些非垂直的工作关系最让人头疼的部分就是权责不清。通常，你和你的合作者在组织机构的指挥链中互不向对方汇报，你们甚至不向同一位上级汇报工作。这就为大家彼此之间产生误解、对接工作当中出现失误或是错失良机埋下了隐患。

情况虽然极其复杂，但是对你来说问题却很简单：当你与合作者都无权指挥对方时，你们要怎么做才能各取所需？你也许会说："如果我没有指挥权，那只能发挥我的影响力了。"

影响力的困境

"影响力"，一个听上去令人心动的词语，给人一种分量十足、权力会不断涌出的感觉。传统的观点认为，在掌权者没有被明确指定的情况下，一个人可以利用自己的影响力让某件事依照自己的意愿顺利完成。

事实上，影响力远不只是传统观点认为的那样是退而求其次的选择，恰恰相反，它甚至比职权本身更有力量。

但是，影响力有真实影响力和虚假影响力之分。今天，在权责常常模糊不清的职场，了解这两者之间的区别是一个人成功的关键。

让我们首先对“职权”与“影响力”做一番比较。

职权是指一个人在一个既定的等级制度中，借由组织机构的既定规则和资源在某一职位上所获得的被认定的权力。它通常意味着一个人有权做出各种决定，并通过奖惩措施确保这些决定被切实执行。当你手握权力，人们会服从于你，为你做事。职权意味着资源高度集中，需要监管和约束。

影响力则远不及职权在传统意义上的威力。一个人的影响力与他的职位、组织机构的规则或奖惩机制都毫无关系。然而，它有一种和官方认定的权力一样大，甚至更为强大的能量。一个人的影响力来自别人赋予他或在他身上投注的能量。换言之，是大家的认可与希望才让某个人获得了某种影响力。所以，一个人的影响力所展现的是他人对此人的看法和感觉。

如果你在人群中拥有真实影响力，人们会乐于为你做事，这其中没有丝毫强迫的成分。可以说，影响力几乎毫无成本。另外，当一个人心甘情愿地做事情时，他往往会更机灵、更快捷、态度更友好地完成工作。但是，请切记以下两点。

第一，无论你拥有多大的影响力，你都不能忽视权力的存在。在任何组织机构中，即使是在高度矩阵化管理的机构中，上级依然是上级。

一定是位于某个位置的某个人在做出决定。这是组织机构内部的指挥链，所以无论你身处何职，都请确保与自己的上级以及整个管理层保持步调一致，这也是第一步。你需要清楚内部需求，了解高层即将做出的决定，明白不同项目的优先级别，清楚基本准则、最佳方案以及当前的具体指令。如果你有下属，那么你需要确保他们与你、你的上级以及整个管理层保持步调一致，这是第二步。因此，在你能够有效地与其他周边的同事打交道之前，你必须首先确认你与直接上下级之间的垂直关系十分稳固。

第二，如果你试图“利用”前文定义的影响力，即别人愿意赋予你的一种能量以及随之而来的权力，那么你可能就犯了根本性的错误。对此，请三思而行。在与同事相处的过程中，如果你想“利用”你的影响力，你可能会试图：

- 通过贿赂或其他方式建立等价交换的关系。
- 威胁对方以后停止对他的支持。
- 纠缠、欺压、操控对方。
- 试图施展个人魅力，奉承对方，或以其他方式讨好对方。
- 指责、抱怨和贬低对方。
- 越级报告。

这些手段的问题在于，它们以这样或那样的方式向周围人施压，并以此谋求私利。它们是一个人在没有具体职权的情况下想要实施奖惩时借用的幌子。这些手段可能会让你得逞一时（当然，一定也有一些骗子、小偷和暴力犯罪分子一次次地利用这样的手段达到目的且侥幸逃脱），但是，它们都不可能让他人真心实意地为你做事。相反，它们会让他人从心底抵触你，不愿意为你付出，想目睹你的失败，期盼着你能早日倒台。

这也是我将这些手段称为“虚假影响力”的原因。但在这个充满自主管理和互相依赖的新世界里，还是有太多的人选择动用这样的手段来获取自己想要的利益。

虚假影响力在短时间之内的确会行之有效，然而，唯有真实影响力才会饱含真正持久的力量。无论你是否拥有组织机构给予你的职位和权力，它都会帮助你走向成功。

有权力就有影响力吗

那么，如何才能拥有不断增长的真实影响力，而非闪耀一时的虚假影响力呢？如何才能成为一个他人希望你能更强大、更成功的人呢？如何才能成为一个他人心甘情愿助你一臂之力、善用你的时间、以更智慧的方式为你工作的人呢？

依据过去数十年来我们对 400 多家组织机构中超过 50 万人的研究调

查，我们发现这些问题的答案其实很简单，即“为他人服务”。**我们需要在工作中转换思维，将注意力从“他人可以为我做什么”转换为“我可以为他人做什么”，让自己成为对他人有价值的人。你越是能够让他人增值，他人就越愿意助你成功。**

这就是在工作中将自己变得不可或缺的制胜法宝，是你建立真实影响力、成长为一名职场达人的唯一路径。

服务之道

数十年来，我一直致力于研究组织中优秀到不可或缺的职场达人。每当我与某一组织机构合作时，我都会抓住机会询问每一位员工：“你觉得在你周围谁是职场达人？”我会格外留意在回答中反复出现的某个名字。

职场达人无处不在。在各行各业，在不同形态、不同规模的组织机构中，在不同层级的职位中，我们都会遇到职场达人。他们各有其行事风格和职场经历，但是，当我在探究他们的共同点时，我发现他们无一例外地展现出一种特质，即他们始终如一地在每一次与他人的互动过程中，让自己对他人而言具有价值。

你可能由此认定职场达人一定是技术专家，他们专业技能过硬、责任感强且身负重任。的确，职场达人的工作表现一定不错，但技术过硬和工作努力、态度积极一样，只不过是踏上职场达人之路的敲门砖。

事实上，并非所有技术过硬的人都能成为职场达人。有无数的案例表明，尽管某位员工技术过硬、业务出色，但他并不是大家心目中的职场达人，原因可能是他工作态度不够好、不善经营人际关系，又或是工作还不到位。

有时候，技术专家“无所不知”的高傲态度反而会让人很不舒服。他们自认为比所有人都强，每当公司的运营管理、工作流程或某些员工出现纰漏或失误时，他们便会一味抱怨和指责；而每当他们自己的工作出现失误时，却又会自我辩解，推卸责任。

试问有谁愿意和这样的“人才”一起工作呢？大部分人都更愿意去找那些业务能力可能没那么强，但勇于承担责任、努力克服困难的人。能够承担责任并完成任务是职场达人的关键品质。这不是说他们来者不拒、有求必应，也不是说他们善于操弄办公室政治、为了完成任务而拉拢奉承，更不是说他们有意规避规则、漠视他人权限、总想寻找捷径或迂回行事。一个人是否坚韧、是否具有创造性固然重要，但大部分人都会有意避开一意孤行或投机取巧的人，因为没有人愿意让自己惹上麻烦。

我们大都会选择那些做事专业、有条不紊、遵守规则并与组织机构内部的指挥链保持一致的人，唯有如此，工作进展才会更为顺畅。

因而，职场达人的特点是：

- 对他人有价值。
- 工作出色。
- 态度积极，努力付出。
- 承担责任，完成任务。
- 坚韧不拔，富有创造性，同时尊重规则，遵守指令。
- 在与他人的每一次互动中行事始终如一。

记得当我在研讨会上提及以上几点时，有参会者说："这听上去也太基础了。"的确，成为一名职场达人其实在很大程度上就是回归本真。这也是为什么有一些参会者抱怨道："你说的和我的前老板说的差不多，都在强调我们要不断吸收新东西、努力工作、提升装备、笑对一切等。"

这么说当然不无道理。当你往一个更高的层级发展时，你面对的竞争将越来越激烈。所以如果你想继续领先，那就有必要与时俱进，不断更新自己的业务"装备"。这也是很多行业巨头经常会提及的内容。

往往就在这个时候，另外一些参会者会提出异议。他们认为："你说的这些其实很难做到。想一想你需要额外处理的人际互动和工作任务，你不得不为之付出双倍甚至三倍的努力，没空休假甚至放弃休息。这样的消耗怎么可能持续呢？万事皆有限度，不是吗？"

没错，这种说法没有任何问题。

职场达人必须秉承的 7 大法则

在你看来，为什么原本有机会成为职场达人的人没能做到呢？为什么人们会想要成为职场达人呢？为什么有那么多冒牌的职场达人呢？更重要的是，为什么会有短暂辉煌或昙花一现的职场达人呢？这种“曾经是”的情况是最让人感到惋惜的。

要回答这些问题，我们有必要回到原点。这些人可能在一心努力成为职场达人的过程中没有应对好严峻的现实：

- 态度积极，工作努力，承担责任，胜任工作，仅仅是拿到了成为职场达人的入场券。
- 无论多么坚韧不拔、富有创造力，都需要听从命令，按规则办事。
- 不能来者不拒，有求必应。过度承诺或许能够取悦他人一时，然而一旦无法践行承诺，对方就会铭记在心。
- 一定要有所取舍，有所选择，从而做正确的事。不做选择也是一种选择，但不做选择和选择错误一样糟糕。
- 做出正确的选择，尽职尽责。尽量提前规划好每一步。

- 不可能面面俱到、尽善尽美，所以尽量列出一份能够快速有效处理好的事务的清单。
- 信誉完全取决于个人的劳动成果。如果始终高效地如期完成工作，个人信誉度自然水涨船高。
- 人际关系是第一资产。然而，人际关系的维护是需要花费心力的。因此，处理和管理人际关系至关重要。

在我开办的培训研讨会上，当我开始谈及以上这些严峻的现实情况时，参会者才开始点头称是，真正地听进去。当我一再强调我并没有一招制胜的简易法宝时，当我说明我并没有百分百行之有效的方法时，当我坦承自己会有一些知易行难但能解决部分问题的具体方法时，参会者才会确信我有“真货”与他们分享。

破解成为职场达人的密码

在培训研讨会上，我主要做的是让这些心中沮丧却有希望成为职场达人的员工思考和模仿那些已取得成功的职场达人的每日所行：

- 为自己赢得真实影响力。
- 战胜过度承诺综合征。
- 尽可能多地用正确的方式做正确的事。

我与成千上万的职场人分享了这些经验，在他们通过实践取得了不错的工作成绩之后，我想我可以说已经破解了成为职场达人的密码。真正的职场达人究竟有何过人之处？他们是怎么思考问题的，又是如何做事的呢？

究竟有没有仅属于职场达人的基本信条呢？我想，直到此时此刻，我也不能说自己全然知晓。但是，我想简要强调以下7大法则：

1. 理解并相信真实影响力有别于虚假影响力的特殊计算公式。真实影响力源自他人乐于为你做事，力图善用你的时间并愿意助你迈向成功。产生真实影响力的唯一途径就是在根本上相信它的计算公式：如果你长期以来通过做正确的事服务他人，在每一次互动中让对方增值，那么假以时日，你的真实影响力也必将壮大。（详见法则 1）

2. 步调一致。在正式开展工作前，请你与自己的上下级明确什么是必须做的，什么是可以做的。在处理与周边其他同事的关系之前，请首先在垂直关系上确认工作的优先事项、基本准则、工作指令和工作进程。与那些和你有着不同方向的工作关系的同事保持定期的有效沟通，以确保大家步调一致。（详见法则 2）

3. 知道何时说“no”（或“not yet”）以及如何说“yes”。时刻牢记给予承诺就意味着付诸行动。你的每一次承诺都是让他人增值并帮助你建立真实影响力的机会，所以，切记不能浪费任何一次承

诺。一旦应允，你理应制订一个包含工作流程、时间安排和后续步骤在内的详尽计划，以确保任务顺利完成。（详见法则 3）

4. 专业地工作。将业务专业化，在最擅长的领域稳扎稳打，逐步扩展自己可以驾驭的专业范围。清楚自己想要有所发展的专长领域，这意味着你在这些领域具有最佳的实践经验、可重复操作的解决方案以及相应的辅助支持。（详见法则 4）

5. 有始有终。越是忙碌就越要谨慎，不能成为接球太多的杂耍演员。如果你总是不断加球，难免会丢球。你要能够在繁杂的任务中一次只专心处理好一件事。你的任务清单或许又长又杂，但是你要能够化繁为简、化整为零，将任务拆解，利用零碎时间，集中精力完成。简而言之，一次只做一件事。（详见法则 5）

6. 协同合作，渐入佳境。提携他人，他人自会有助于你。人际关系很重要，但请不要通过拉拢或建立小团体来发展人际关系，相反，要在具体的工作事务中与他人建立联系。彼此信任的工作关系会使工作更为顺畅，而顺畅的工作状态会使人际关系更为和谐。你应当怎么做呢？在庆祝工作完成时，衷心感谢对方的付出；在遇到失误时，不妄加指责，而是以复盘的方式一起探讨，共同进步；在制订下一次的合作计划时，仔细考虑各种细节。（详见法则 6）

7. 建立鼓励人人成为职场达人的工作氛围。让大家养成在有需要时去找职场达人的习惯。只要有机会，便培养他人成为职场达人，这也是建立盘旋上升的真实影响力的过程。协同合作，彼此成就。

> 成为职场达人的艺术，就是在工作中优秀到不可或缺的艺术。（详见法则 7）

在不同形态、不同规模的组织机构中，职场达人无处不在。不论你的职位是高是低，不论你是体力工作者还是办公室人员，你都可以成为职场达人；不论你是单打独斗还是在协同合作的变革中负责公司管理的人员，或是在跨职能合作团队中当一枚微不足道的小兵，你都可以成为职场达人。

当然，身在职场，并非所有人都会全心投入或是期盼着能够取得成绩。有人宁愿在工作时间打电话聊天，也不愿意被人打扰忙东忙西。他们只希望“当一天和尚撞一天钟”，每月按时领取微薄的薪水。倘若你抱持同样的想法，这本书显然不大适合你。我会建议你辞去现在的工作，另觅他职。

倘若你并非如此，那么真心欢迎你继续读下去，就让我们一起从了解真实影响力的特殊计算公式开始吧。

THE ART OF BEING INDISPENSABLE AT WORK

法则 1

不只要有影响力，更要有真实影响力

THE ART OF
BEING INDISPENSABLE
AT WORK

自我增值的
最佳方式就是
惠及他人，为他人服务。

如果听过周围同事对丽莎·沃尔夫（Lisa Wolf）博士的评价，你大概会以为她是个身披斗篷、能一眼看透万事万物、还能展翅高飞的神话人物。在她工作的急诊科，绝大部分问题的最佳答案是："沃尔夫就是这么说的。"而最佳问题是："沃尔夫是怎么想的呢？"

你可能会问：沃尔夫是谁？

沃尔夫是一名经验丰富的急诊科护士、一位管理人员、一位学者、一位拥有包括护理学博士学位在内的多学位的护理学教授。她还是美国急诊护士协会的研究主任。毫无疑问，她是位技术专家，可是在护理领域，很多护士长都是技术专家；她有着强烈的使命感，为病人服务是她工作的主要动力，但是在医疗保健行业，很多人都是这样；她工作非常努力，但同样，工作努力的人比比皆是。

那这位沃尔夫的特别之处究竟在哪儿呢?

沃尔夫是一位典型的职场达人。她的特殊之处就在于她从不忙于为任何人做任何事。恰恰相反，一直以来，她与他人的每一次互动、她的每一个决定和每一次行动都是有条不紊、经过深思熟虑的。仅凭这一点，她就已经与许多在急诊科这样一个长期人手不足、高风险且复杂多变的环境中工作的专业人士有了区别。

像沃尔夫这样的职场达人绝非某种带有神秘色彩的神话人物。事实上，我们会在现实世界的各行各业中遇到各种各样从事具体工作的职场达人。他们是餐厅里的服务员、厨师、经理，是农民、货车司机、便利店的店员，是景观设计师、挖渠人，是工程师、工厂工人，是矿工、重型机械操作员，是银行家、医生、律师、建筑师、会计师，是士兵、情报分析员、消防员、执法人员，是记者、平面设计师、印刷商、程序员，是统计学家、销售人员、科学家，是教师、清洁工、管理人员，等等。

职场达人是深受同事信任的人。他们总是会及时地、合乎规则地以一种改善工作关系的方式帮助同事达成心愿，也可以说至少不会破坏工作关系。所有这一切加起来就是我所说的“真实影响力”。

真实影响力的计算公式

沃尔夫具有职场达人的神奇之处：真实影响力。一遇到问题，同事立马会想到或提起她。他们会首先想到："如果是沃尔夫，她会怎么做呢?"显然，这种思考或感受事物的方式说明他们全然信任沃尔夫的判断。在同事眼中，沃尔夫在工作上如鱼得水，与她一起工作是一种很棒的体验。因此大家都想与她共事，为她做事，并充分利用好她为大家提供帮助的时间。他们甚至愿意协助沃尔夫获得更大的话语权，因为"得势"的沃尔夫会满足他们的需求。

真实影响力绝非零和游戏：

- 一个人的真实影响力存在于他人的认知中，却对自身有益。
- 真实影响力看似无形，却能在现实世界产生显著的成果。
- 真实影响力是一种可以快速累积和快速增长的长期资产。
- 真实影响力价值连城，却无法用金钱买到。
- 人们会因为你拥有的真实影响力而不计条件地为你做事。
- 消耗、借出自己的真实影响力只会提高它的价值。
- 每当你为他人增加价值时，你的真实影响力也会随之增加。

正是基于以上几点，我才说真实影响力的计算方式很是特殊。当你孜孜不倦地为他人努力付出、提升对方的价值时，你的价值也在对方的想法和感受中得以系统性地建立，从而使你和周边每个人的价值都有所提升。紧接着，你又可以继续为他人服务、让他人增值。这种不断盘旋上升的互利是无限的。

沃尔夫对跟着自己的实习生总会强调一点："对病人做任何治疗措施之前，先检查病人的气道是否畅通，气流是否充足。如果连这些都成问题，那其他步骤都没有意义。"这一点不仅是急诊科实际操作的重点，也是对成为职场达人的重要规则的巧妙比喻。建立起真实影响力是一个漫长的互动过程，但是请始终谨记"千里之行，始于足下"，做好每一次工作互动。（参见第 39 页"赢得真实影响力的 4 大策略"。）

当谈及如何赢得同事的信任和信心时，沃尔夫说："你需要学会从长计议。随着时间的推移，人们会渐渐发现你擅长做出正确的决定。你不是只完成了某项任务，而是把正确的事情以一种正确的方式做完、做好。"

沃尔夫接着补充说，"时间久了，当你对某件事说'不'时，别人不会觉得是因为你不想做或者压力太大，而是知道既然你这么说，那背后一定有着非常充分、合理的理由。同样，当你说'行'时，别人也相信你会一诺千金，坚持到底。"

这就是一个人能够获得真实影响力的计算公式：

时时刻刻做正确的事 × 假以时日 = 真实影响力

真实影响力需要你长期不懈地在每一次与他人的互动中将他人的利益和他人的增值置于首位。反过来，你的个人价值也将会相应地有所提升：

- 随时、长期地努力，让包括你自己在内的所有人都更有价值。
- 致力于建立更成功也更有成效的人际互动，并以此获得更好的短期及长期效果。
- 建立一个“利他惠他”的好名声。

如果你真正理解了这个计算公式，并且笃行之，那么你将在每一次为他人服务的点滴互动中逐渐树立起一种权威。

这个公式在现实生活中是怎样运用的呢？

赢得真实影响力的 4 大策略

沃尔夫通常比上级更清楚工作规范。她坚守职业道德，尊重程序，坚持做正确的事。与此同时，她坚决摒弃任何繁文缛节。她工作勤勉，工作清单总是很长，但是她从不会被待办事项追着跑，因为她会具体有效地完成一件事之后再处理下一件。

沃尔夫相当受人尊重，但她从不追求成为同僚、下属和上级心中“最喜欢”的那个人。相反，她将自己的注意力集中在如何与不同的人在不同维度的工作关系中建立积极有效的工作互动上，以期在急诊室这种紧急情况频发的工作环境中能齐心协力地救助他人。

当沃尔夫提出意见、发表看法时，这意味着她已经根据目前的情况检视了所有的已知信息。也就是说，她给出的答案从来都不是无中生有的。她以事实为依据，根据工作的规范和流程，结合自己的逻辑推理和行之有效的工作经验提出自己的意见。

沃尔夫当然不想让任何人感到不悦，但前提条件是她必须做出正确的决定、采取正确的行动，她也会帮助他人努力做到这一点。无论在某个时间点有多少工作要做，在她心中都有一个非常清晰的“三要素”评价体系，即事情的优先级、工作顺序和可操作性。在沃尔夫看来，厘清什么是最重要的、流程怎样和如何完成，是她在做事之前首先要考虑的问题。

同事希望沃尔夫可以获得更多的话语权，原因就在于她会运用自己的权力帮助他人避免不必要的麻烦，防患于未然。大家因此可以尽可能早地以正确的方式做正确的事。这种积极的通力合作和最终的良好收益进一步提升了沃尔夫与他人的工作关系。

然而，这并不意味着沃尔夫以及我研究过的其他职场达人是毫无私心杂念的圣人。他们只是清楚地知道这种惠及他人的领导艺术在现实生活中是真实有效的。在内心深处，他们深知这种以服务他人为宗旨的领导风格终将惠及自身。这并不是说他们所做的一切都是为了满足自己的同事或员工当下的需求，恰好相反，他们会从更长远的角度出发，去做一些最终能使他人受益的事。

真正的职场达人经得起时间的考验。他们相信真实影响力的计算公式，即自我增值的最佳方式就是惠及他人，为他人服务。

THE ART OF BEING INDISPENSABLE AT WORK

赢得真实影响力的 4 大策略

1. 建立并善用人脉资源。始终以务实专业的态度做事，成为一个别人不想令你失望的人。

2. 善用每一次、每一项承诺的价值。列出明晰的责任人和时间表，并在兑现承诺的过程中设置复盘节点，持续跟进。

3. 以有理有据的方式影响他人。在试图说服他人的过程中，运用合理的理由和清晰的论点，而非主观臆断或感情用事。也就是说，说服他人要基于可验证的具体事实和强有力的逻辑分析。

4. 通过促进他人的成功来提高自己的影响力。尽一切可能支持和帮助他人履行职责。考虑当你想要帮助别人完成具体的工作时，你能够做些什么。

警惕 8 种虚假影响力

一个人在职场上的虚假影响力可以反映在诸多方面，从一些微妙的细节到一些明显的表现，不一而足。

明目张胆的贿赂

美国州际高速公路的巡警 H 警官在一次执法人员职业道德座谈会上坦言："我遇到的行贿不计其数。我想大家应该也清楚，这么做的人并不完全都是我们传统意义上所谓的'坏人'。"事实上，行贿的人不仅有违法乱纪的人员，也有一些是来自他所在的执法团队内部的人，即他的同事。

收受贿赂就是一种虚假的职场影响力。然而，屈服于这种虚假影响力的人却多得惊人。

长期担任医药销售代表的辛西娅直言："你可能根本无法想象有多少人愿意寻求旁门左道。大家都鼠目寸光，不去做正确的事，只顾眼前利益，对别人类似的行为也都视而不见。”

那么，面对他人的行贿，我们究竟应该怎么做呢？应对这种虚假影响力的最佳法宝就是在职场中建立拥有真实影响力的思维模式，即做正确的事情，为他人服务，最终让人人受益。

H 警官说：“拒绝受贿只是第一步。独善其身远远不够，对这种事不能假装没看见。记得我初入职场第一次遇到有人行贿受贿的时候，我只是规劝了那位同事不要这么做，他当时很尴尬，很快就收手了。现在看，这种道德劝诫根本不够，我理应举报他，因为他调离我们部门之后又去了其他的执法单位，我一直后悔自己当时没有报告上级。当然，我之后没再犯过类似的错误，我想让别人知道我是一个行为处事有着极高道德准则的人。”

H 警官会担心自己因此遭到报复，甚至人身安全受威胁吗？“我当然能保护好自己，”他说，“无论如何，我们都理应履行职责，严格执法。”因为不论你收受贿赂，还是你虽然不为所动、却不再进一步处理，它带来的后果都不只是一次贿赂那么简单。正如辛西娅所说：“你怎么可能继续信任一个行贿受贿的人呢？名声在外，如影随形。”

美国著名陆军上将诺曼·施瓦茨科普夫（Norman Schwarzkopf）有句名言：“当你心存疑虑时，请做正确的事。”对此，我深以为然。即使无人察觉，也不在道德伦理上妥协，这才是一个人的真实影响力。要像爱惜你的名声那样去审视你的行为，事实上你的名声也的确和你的行为息息相关。要清楚地表明你绝对不会参与行贿受贿。当你敦促他人注意其自身行为时，你也许不经意间就帮了对方一个大忙。无论如何，你都应当提醒上级。或许在勇敢站出来捍卫道德的那一刻，你感觉并不愉快，但是请牢记施瓦茨科普夫上将的名言并切实践行。

隐晦的贿赂

真心希望这种公然贿赂的行为在你的工作场所十分罕见，或者没有；即使不小心遇到了，你也知道要如何应对。然而，职场中发生的贿赂行为通常都极其隐晦，甚至你都不清楚它到底算不算是一种贿赂。

安德鲁在一家大型产品配送中心工作。作为一名把控产品进出质量的职场达人，他说："每当康妮有批货来，她都会为我们部门的工作人员精心制作一些布朗尼蛋糕。这是不是她希望自己的货物能顺利通过质检的一种暗示呢？也许是吧。但是，在我们的团队当中，没有人会基于任何理由故意放水，也绝不会因为布朗尼蛋糕就手下留情。康妮说蛋糕没有别的意思，只不过是'提前对我们的工作表达感谢'，但整件事还是会让人感觉怪怪的。"

如果这种事情经常发生，你会怎么做呢？布朗尼蛋糕让你感觉就像是一种贿赂，可是你又不想表现得过于唐突。安德鲁对此选择了一种简单的回应。"我并没有因为不耐烦或是有些恼火而翻白眼，相反我将这些蛋糕看作康妮寻求帮助的一种信号。康妮本不该为了担心自己的货物会在质检过程中出现问题而忧心忡忡，所以，我会不遗余力地帮助她做好自己能够做好的所有事项，以期达到大家都乐于见到的结果：她的货物顺利过检。当然，送蛋糕绝对不包含在内。我给了她一份与我们的质检清单相对应的准备清单。每次她的货物要来的时候，我都会陪她预先走一遍流程。没多久，她就形成了一套非常成熟稳定的预交货的准备步骤，而她的货物品质也自此达到了一个全新的高度。"

那么康妮的布朗尼蛋糕还在继续做吗？"做啊，但很明显，她的蛋糕真正成了她表达感谢的一种方式。"安德鲁回答道，"我们会将康妮的蛋糕摆放在职工餐厅，并且用红色记号笔在一张很大的卡片上写上：'谢谢康妮！'这是她的布朗尼蛋糕应得的感谢和赞美。"

这就是一个人在职场上具有真实影响力时应该有的样子。安德鲁通过对康妮提供实实在在的帮助，最终让大家都变得更好。他使康妮成长为一名高效过检的用户，也完成了帮助她的货物尽快无忧地通过质检的使命。

与此同时，安德鲁通过这样的工作方式慢慢建立起自己的真实影响力。他成为一个别人愿意让他成功、愿意在他身上寄予厚望的人。

等价交换

也许你在职场上遇到的虚假影响力既不像贿赂那么严重，也不像一份布朗尼蛋糕那样无足轻重，而是一种“等价交换”。通常，与声称“这可不是我的事”或“你又不是我的上级”完全不一样的是：“来，你帮帮我，我帮帮你，咱们做个交易。”毕竟，你们都希望在需要帮忙的时候能去找对方。所以，你们彼此寻求帮助的过程也许暗含了，或是明确地表达出了一种等价交换的意图。

乍一看，这又有什么问题呢？实际上，互助合作的精神当然是产生真实影响力的一个方面，但是一旦你与同事的互助合作被看作等价交换，那么这种精神就成了一种虚假的影响力，因为它意味着“如果你想让我为你做这个，那你就得先帮我做那个”。

一位真正的职场达人可不会私藏一份可以与同事等价交换的利益清单，并以此作为筹码，诱使同事做出某项决定或是采取某种行动。如果你相信真实影响力的存在，那么你帮助他人仅仅是因为你觉得这么做是对的。另外，无论是从短期还是长期的角度来看，你这样做都会为每一个人创造出最大的价值。

盖尔是一位在一家大型精算公司做精算师的职场达人。她的见解就非常到位。她说：“我的雇主已经为我对你的服务支付了报酬。所以，你提出的要求就是我的本职工作，而不是我在给你帮忙。相应地，我要求你做的也是你的本职工作，而不是你在帮我。”盖尔的回应让我们看到了建立真实影响力的正确路径：“人们信任我、依赖我，并不取决于他们是不是能满足我的需求，或者我是不是欠了他们什么。我为你做事，是就事论事。与此同时，我会尽可能地综合考虑怎么做才能使大家的利益最大化。”

排挤他人

在职场中，还有一种与等价交换相反的工作方式，那就是排挤他人。“有一些人会因为你的决定或者你做了他们不喜欢的事而对你怀恨在心，”盖尔说，“他们会在你的背后指指点点、说坏话，一有机会就给你使绊子。他们会明显地表现出对你的不满，不是摆张臭脸，就是特别冷淡，也有可能会不太合作。他们一心想要你因为与他们意见不合或是没有做他们想做的事而付出代价。”

遇到这种排挤，盖尔是怎么处理的呢？她用真实影响力的思维方式来处理这一类的问题。她说：“对方的行为也许有些卑鄙，但我还是会一如既往地做好自己的事。如果有人试图在工作中胁迫我或排挤我，我会让他们清楚地知道，我来这里只是为了努力完成我所有的工作，这与他们是否愿意帮我毫无关系。无论怎样，我都会做好自己的分内事。”

她接着说：“当然，如果有人坚持针对我，我也会转头去找别人合作。但是当针对我的人需要我的时候，我还是会尽心尽力地给予帮助，我提供帮助的前提只有一个：他们的需求在那一刻是完全正当的、合理的。我会通过自己的努力让他们看到什么才是真正的专业素养和职业精神。”

阿谀奉承和拉拢攀附

我们在职场中还会遇到另外一种同事：他们会对你施展自己的“个人魅力”，或者对你竭尽所能地阿谀奉承。所有这些其实都为你营造出一种虚假的影响力。他们当然比那些态度恶劣或者对你怀恨在心的人让你感到心情舒畅，但是，请切记千万别掉进对方拉拢攀附的人际圈套之中。

“在工作中交朋友很正常，”分析师安娜说，“但有时候它会让你的工作关系变得更困难而不是更容易。有时候你做出的判断或者决定会让你的朋友感到不舒服、不满意。我经常听到有人说：‘唉，我还以为咱俩是朋友呢。’但我一般都会说：‘抱歉是这样的结果，但这和我们之间的友谊毫无关系。’当然，我们的友谊还是会受到影响。这时候，你会觉得如果一开始不是朋友关系，事情反而没有这么难。”

业务流程顾问查尔斯说：“我遇到过一位工程经理。从我们初次见面开始，他就对我说我的工作如何出色，如何让他印象深刻，并且声称我会成为‘他们最满意的一位顾问’。后来没多久，我就发现他的巧言令色不过是为了利用我，好让我因为顾及个人情面不好向他的上级建议砍掉他的部分预算。整件事真的就是这么一目了然。”

查尔斯继续说：“人们之所以相信我的专业判断和决定，恰恰是因为我并不需要你喜欢我，或者你是否喜欢我根本无关紧要。我会建议公司削减你的部分预算，仅仅是因为这样做是对的。即便你是我最好的朋友，只要是正确的事，我依然会该怎么做就怎么做。同样，如果没有必要削减预算，那么即使我不喜欢你，我也不会那么做。”

正如安娜所说：“一旦人们开始怀疑你提出的建议完全建立在个人偏好之上，那么你的判断将会一文不值。”

在职场上针对人际关系的拉拢攀附绝对不是做出决定或采取行动的好理由、好方法。拉拢攀附最好的结果是让整个事情复杂化，最坏的结果则是引导你做出错误的决定或引发你错误的行为。所以，在工作场所，人际互动最好的模式，同时也是保护你与同事个人关系的最佳方式，就是专注于工作本身。

越级报告

阿尔弗雷多在一家矿业公司任物料规划经理。他说：“即使你越级报告，直接去找我的直属上级，我也无所谓，因为你会发现我的上级和我意见一致，找他跟找我毫无差别。如果是我出了错，那我的上级很可能也会出错。假如是因为我出了错而没跟上级意见一致，你越级报告就是帮了我的忙；如果我跟上级都出了错，那你就是帮了我们一个大忙，让我们有机会在一个更高的层面上认识错误、厘清问题。但是大多数情况下，你会发现我所执行的就是公司的策略和路线，我和上级的想法完全一致。所以，你大可直接过来找我，我给你的答复和你有可能从我的上级那里得到的没有区别。”如果你在工作当中遇到类似的越级报告的问题，完全可以参照阿尔弗雷多的说法。不要生气，而是运用建立真实影响力的思维方式抓住机会，与你的上级或者公司决策层步调一致。同时，记得找这位有可能越级报告的同事复盘和检视你所做的工作或者你没有做的部分。开诚布公地与你的上级商议要如何与这样的同事共事，询问上级关于工作内容、工作缘由、工作方式、何时何地开展等具体推进工作进度的意见和建议。或许，你的上级也需要和他的上级保持步调一致。无论如何，将你遇到的越级报告看作一个机会：一个你与同事、上级一起工作的机会，一个可以与决策层保持一致的机会，一个你意识到有必要进行一些调整的机会。当越来越多的人发现你与你的上司并无分歧，他们自然也不大会去越级报告了。

纠缠

“不得不承认，我之前处理问题的方式就是纠缠。”在一家研究机构工作的科学家亨利回忆道，“我一般会先打电话、发电子邮件、发短信，接着又打电话、发电子邮件、发短信。之后我会直接去找对方，接着又是新一轮的电话、邮件、短信。 我生长在一个兄弟姐妹众多的家庭，所以我从小就很清楚：会哭的孩子有奶吃。结果我发现自己这么频繁地打电话、发邮件其实很烦人，也根本没有达到预期的效果。大家反而会有意躲着我，于是有段时间我就‘哭’得更凶了。后来有人把我拉到一边，对我说：‘你肯定特别担心我没有足够重视你的项目报告。那我究竟要怎么做才能让你感到安心呢？’她陪着我坐下来，完整地过了一遍整个项目的时间计划表，然后确定每周开一次例会来跟进进度。”

这个将亨利拉到一边的人完美地展现了什么是具有真实影响力的思考方式。与那些因为亨利的纠缠而感到烦恼的同事不同，她没有对亨利避而远之，而是采取了一种真正能帮到亨利的方式处理了问题。她将亨利的“纠缠”解读为亨利担心自己的项目报告不被重视的焦虑。亨利的这位同事正视了他的需求，宽慰了他的焦虑，还提出了一个让他感到放心的沟通方案。在整个过程中，最具有价值的部分也许就在于，她向亨利展示了一种如何以更专业也更有效的沟通方式满足他人心愿的工作方式。

值得庆幸的是，亨利学到了这种工作方式。他说：“在这之后，每当我和别人一起工作时，我都会做好类似的时间计划表和定期进度表，这远比纠缠不休来得有效。这么多年过去了，我一直特别感谢她那天将我拉到一边，给我上了如此宝贵的一课！”可以想见亨利之后对这位同事走向成功会鼎力相助。这便是真实影响力的运行方式。

抱怨、责备和损害

在一家连锁餐厅工作的卡迈勒绝对算得上一位职场达人。但是，他坦承：“我以前是一个特别爱抱怨和指责别人的人。情绪崩溃的时候，我甚至会在会议上指着同事大喊大叫。”

卡迈勒回忆说自己有一次在会议上言辞激烈地指责一位同事。“她当时全程都在记笔记、问问题，既没有回嘴，也没有生气。她说她把我的抱怨当成‘客户投诉’，是帮助自己改进工作的一种方式。你能明显地看到，与会的人纷纷对她的这番话点头称赞。她后来又找我当面聊，并根据我的反馈做了改进。”

卡迈勒接着说：“这一幕我至今难忘。我们后来又共事多年，她也成为我心中的一个榜样。可以说，她完全改变了我提出批评的方式。如果你将提出批评性意见看作提供价值的途径，那么你的表达方式就会发生改变。批评将不再是你与同事之间关系的杀手，反而会提升你们的工作关系。”

对卡迈勒而言，这位同事不仅改变了他提出批评的方式，也完全改变了他回应别人批评的方式。“从她的身上我明白了一个道理，那就是要以一种感恩的态度，认真负责地面对别人对你提出的批评，因为这些批评的声音会帮助你变得更好。如此一来，原本非常负面的信息就会产生非常正面的效果。这样一种积极回应批评的方式也会给对方留下良好的印象。”（参见第 51 页“两种态度的不同表现”。）

拒绝虚假，回归真实

当你不再受虚假影响力的影响，开始以真实影响力作为行为处事的准则，即以正确的方式做正确的事，且永远将为他人服务置于首位，那么你很快就会发现事情正朝着更好的方向发展，有越来越多的人会依赖你并乐意为你做事。 你可能会说：“这听起来也太理想化了。”你可能担心有人会利用你想为他人服务、想让他人增值的心理，不仅没有因此尊重你，还将你当成冤大头。

你这么想并没有错，因为在我们的身边总会有自私刻薄、夸夸其谈、自以为是、对他人的需求视而不见、对他人的痛苦也麻木不仁的人。然而，你无须担心，因为大多数人并不会利用你的利他思维占便宜，真正会这么做的人也大都会自毁前程。问题是在此之前，你还是要与他们共事。所以，要确保你的行为处事合乎规则，确认你做出了正确的决定，确定你切实履行了工作计划并竭尽所能地通过合作获得了成功。说到底，我们身在职场是为了工作，而非为了私人恩怨。

THE ART OF BEING INDISPENSABLE AT WORK

两种态度的不同表现

态度也许无形，但它至关重要。你可能很难控制自己的感受或情绪，但请务必控制自己的言辞、语气、音量、手势和表情。

不好的态度

每个人都会有心情不好的时刻或者情绪糟糕的日子。态度不好时，你会有怎样的表现呢？如果你尚不自知，请问问身边的人。

脾气暴躁的人通常会直接开口说出或用眼神、肢体语言传递出一句话：“你最好离我远点儿！”

易于纠缠的人往往想要所有人都介入自己面临的问题。他们想要他人留意、倾听甚至卷入这些问题，即使别人压根儿就不关心这些。

爱抱怨的人会喋喋不休地谈论负面信息，但绝对不会深挖根本原因并提出解决方案。

爱指责的人和爱抱怨的人一样紧盯着负面信息不放，但他们会将矛头对准特定人员。

爱发脾气的人往往会出言不逊、满嘴讽刺或是发表一些听上去很糟糕的言论。他们会低声或高声地表达不满，甚至摔门而去或大喊大叫。

一旦你意识到自己今天的状态不好，就要及时预警，提醒自己避免上述言行；万一没能收住，也要及时采取补救措施。请尽可能地用以下良言善行替代恶言恶行。

良好的态度

即使你某一天或某一个时段心情糟糕，也要相信在你的内心依然储存着大量的良言善行。你同样需要知道它们的表现方式。状态不错的时候，你究竟会有什么样的表现呢？

你很专业。你平易近人，热情待人，沟通方式简洁、直接、高效。

你极具说服力。你会以事实为依据仔细选择自己的论点，而不是信口开河。

你是解决麻烦的能手。你会脚踏实地地让事情向着更好的方向发展。

你会很乐观。你对前景充满信心。你会预见成功的结果，或是在不那么成功的结果中看到积极的一面。

你很慷慨。你不会只盯着自己的所欲所求，你会毫不吝惜地对他人表达出尊重、感激之情，向他人做出承诺，为他人付出努力、创造力甚至牺牲。

当你了解了自己良好状态的表现时，你就可以有意识地、持续地对它们加以运用。当你留意到其他更好的方式时，你也会积极学习，将之尽收囊中。

职场达人的 TIPS

THE ART OF BEING INDISPENSABLE AT WORK

- 真实影响力是职场达人的神奇之处。人们乐于和他们共事，为他们工作，善用他们的时间并愿意帮助他们获取更多的权力。
- 真实影响力的计算公式之所以如此特别，就在于它绝对不是零和游戏。
- 当你孜孜不倦地为他人服务，让他人增值时，你的价值也在对方的想法和感受中得以系统性地建立，从而使你和周边每一个人的价值都有所提升。

THE ART OF BEING INDISPENSABLE AT WORK

法则 2

担责是第一位的，无论是否具备指挥权

THE ART OF
BEING INDISPENSABLE
AT WORK

与公司的决策机制
保持同步，
与具体的决策者
保持一致，
是成为职场达人的关键。

纳特在一家生产货车转向系统的大公司担任制造经理。这个职位需要他与不同的部门协同合作，在原材料采购、产品品质控制到工艺流程等各环节进行统筹。因而，一旦遇到合作不顺畅的对接部门，纳特的心情都会一落千丈。没有人知道究竟要怎么解决遇到的问题，或者当双方产生分歧时，究竟谁拥有最后的决定权。“每当我去找我的上级寻求帮助时，我自然是希望他能站在我的角度支持我、帮助我达成心愿，”纳特说，“但他的回应永远都是：‘你最好在你所在的这个层面将问题解决。’”

这个回应后来成为各部门之间协同合作时大家都秉持的一个原则。“在你所在的层面解决问题”的确极大地推动了指挥链上的沟通、决策与协作，每当这个原则被执行得不错时，包含信息交换、计划制订、资源共享和有效执行在内的工作流程便会高速、顺畅地运行。这极大地降低了各类问题出现的频率，也减少了时间和资源的浪费。

可是，如果人们不习惯在自己所在的层面想办法解决问题，而是习惯于越级报告，去找自己的上级或上级的上级，那么同事之间的信任感必将遭到破坏，从而影响到工作。显然，借助上级的力量间接地解决问题并不是一个好方法。这样做不会让你的视野更清晰，也无助于你制订一个可靠的工作计划，而计划不周又必然会带来诸如任务延期、程序出错、彼此抱怨乃至心生怨恨之类的一系列问题。

那么，对纳特来说，当他在自己所在的层面解决问题时，最让他头疼的是什么呢？纳特说："最让我头疼的是我不具备在我这个层面解决问题所需要的权力。不同部门的工作议程并不一致，大家需要在有限的资源里相互竞争，完成各自的优先事项，人人都认为自己的事情最要紧。"

究竟谁有权力做出决定

这个让纳特感到头疼的问题，我称之为"权力难题"。一般来说，大家都希望尽可能地将权力下放到需要协同合作的基层部门，然而，一旦同级之间产生问题，那么在解决问题的过程中碰到的最大难题就是究竟谁有权力做出最后的决定。不过，权力难题不仅出现在同级之间，也出现在其他或向上或向下的工作关系当中，尤其是当一方并非另一方的直接上级或下属的时候。而且，如果一个人只是空有头衔却并无实权，那么大家的工作关系就会变得更加复杂。

因此纳特认为，当大家在工作议程、优先事项、资源需求和个人重要性等方面有冲突的时候，便会不可避免地陷入权力斗争。这也是为什么很多与纳特同等职位的人通常会选择将问题升级——“问题升级”正是“越级报告”的另一种说法。

事实上，尽管协同合作的变革已然发生，更为扁平的组织结构框架和进行自我管理的项目团队也早已诞生，但所有的组织机构都还是需要一个最终的决策者，大家还是会按照上下有别的权力关系来进行选择，同级之间也会因此产生一些内部无法解决的矛盾和冲突。

面对这种情况，你能够怎么做呢？根据一般的逻辑推理，我们可以有以下三种选择：

- 将冲突升级，让你的上级站在你的角度介入干预。这意味着问题有可能会进一步升级到上级的上级那里，最终还是有可能无法得到解决。
- 问题没有升级，但双方在冲突中僵持不下。
- 选择继续合作，就好像你已经拥有了某种相应的权力一样。你有意忽略权力分配的垂直关系，刻意回避或绕过以往在公司内部运作的指挥链。你会揣摩和推测“上意”，并与之保持步调一致。

曾在一家联邦机构担任高管的克里斯说：“我的策略就是一直往前推进，直到推不动了为止。”她向我描述了她带领的团队如何在一个权责并不清晰的工作环境中与其他办公室、机构和部门的工作人员互动。“我们会收到跨部门的合作请求。我们也会为了达成某个目标而寻求其他部门的合作，但是谁也没有拍板决定的权力。”

那他们是怎么工作的呢？遇到问题又是如何解决的呢？

克里斯说：“有时参与项目的人步调一致，一切都非常顺利，但很多时候，我们都是一个劲儿地向前猛冲，直到撞上南墙。有时我们觉得某个点子真不错，大家付出时间、精力和金钱却没能获得高层的支持，只好放弃。有时我们拒绝了某项提议，结果高层买账，事情反转，项目最终较晚起动。有时大家意见分歧，谁也说服不了谁，于是你争我斗直至一方占了上风。”

的确，现实中的大部分人都会将工作持续推进到实在是进行不下去的阶段。这时候就会出现克里斯所说的真正的业务困难和工作成本，我们通常称之为“在你所在的层面解决问题”的净效应。

另外，就如何处理同级关系和非水平线的上下级关系，我相信绝大多数人都需要得到更多的指导。遗憾的是，至今仍有许多人误以为在问题“失控”之前最好不去麻烦自己的上级，不去寻求外在的帮助；又或者，他们避开了自己的上级，在错误的道路上一路狂奔直至被不良后果反噬。

在协同合作的过程中，临时发生的毫无章法的“按需沟通”往往会导致项目延误、程序出错、资源浪费和关系交恶等一系列问题。

那么，职场达人会怎么做呢？

解决权力难题的关键是步调一致

关于“按需沟通”产生的一系列问题，职场达人给出的答案就是“步调一致”。与公司的决策机制保持同步，与具体的决策者保持一致，是成为职场达人的关键。

费尔南多是一家大型会计师事务所 IT 部门的技术主管。他说：“因为我的个人权限有限，所以我会从上级那里得到一些授权。我们有一个针对具体的服务事项和项目工单的排名系统，大家都想让对自己来说比较紧急的业务能尽量地排在前面。在我接管技术部以前，大家的习惯做法是越过技术部的主管，直接去找自己的上级、上级的上级，甚至是上级的上级的上级。但是，现在已经没有人这么做了。”

这种改变是如何发生的呢？

费尔南多解释说：“因为我重拳出击，一击到底。早在他们越级报告前，我和我的团队就已经向上级说明了情况。每次，当别人还没来得及越过我去找他们的上级时，我已经跟我的上级沟通好了。这样，我和公司的决策层始终保持一致，那么越过我就会变得毫无意义。”

这是否意味着费尔南多必须每次都出面去找上级呢？是否意味着他的

下属必须时时事事征求他的意见呢？“除非是遇到全新的情况，”费尔南多说，“如果的确是不知道要如何处理的新情况，那么最好互相沟通确定一下；但是，就目前的情况来说，基本上没有我们自己处理不了的问题。我不会代替上级发言，当然我也可以，因为他的意思十有八九我都很清楚。我带领的团队也是这样，大家很清楚我的想法，他们也完全可以替我发言。”

你与你的上级、与公司的决策层能保持步调一致吗？你是否了解高层的想法？你能替你的上级或上级的上级发言吗？

要始终记得，虽然你无权做出最后的决定，但有人可以。决策权就在高层的手中。**如果你想在权位不够时依然有权力在你所在的层面解决问题，那么你的首要任务就是与决策层保持高度一致。换句话说，你为自己建立了一种垂直的赋权关系。需要留意的是，“在你所在的层面”不仅是指同级之间，也是指非水平线关系的上下级之间。**

拥有或建立垂直的赋权关系是成为职场达人的秘诀之一。在具体的工作当中，我们需要和不同职位的人打交道。大家在组织结构中会有或向上、或向下、或水平线、或斜线的工作关系，那么，为了确保自己顺利完成任务、取得成功，你理应从决策层那里获得一种垂直的赋权关系。你需要清楚地知道自己在哪些方面可以自主裁定，在哪些方面不可以。显然，这样清晰的权责界定唯有从高层那里才能获得。

如果你觉得权责界定并不清晰，那么你最好向自己的上级核实。一段时间之后，你必将对许多反复出现的问题有一个明确的答案。你对公司的总体目标、基本政策、行为准则、办公室文化以及指令发送流程等也将更加了解。在任务推进前，你越是能提前确定好诸多事项，那么你对形势的判断就会越敏锐，而你走错方向、最后被迫终止任务的可能性也就越小。

对你的下属而言，情况也是如此。他们需要与你保持一致，你要确保他们清楚你的每一项指令，了解可以自主裁定的部分，进而得以完成各自的任务。

于是，如何在垂直的工作关系中保持步调一致便是你开展工作的核心要点。具体有如下三点：

- 如果你对你的上级以及你上级的上级会如何回应十拿九稳，那么在与同级或其他非直线关系的上下级互动时，你将会自信有力地去沟通、做决定和采取行动。这是你从上级那里获得的支持和权力。
- 如果你的下属对你和你的上级会如何回应也十拿九稳，他们也一样会觉得自己富有权力。知道如何向下放权也是一种简单的管理技能。
- 如果与你处于同一水平线或斜线的同事也有他们各自明晰的或向上、或向下的垂直赋权关系，那么你们的互动和共事将会容易得多。否则，当你做出决定、准备开展工作时，却突然发现对方从一开始根本就无权做出任何承诺，你对此基本上就无计可施了。但实际上，你完全可以在项目启动前调查核实清楚。

那么，如何才能做到步调一致呢？让我们先顺着你的工作关系向上（和你的上级）、向下（和你的下属）进行梳理，因为无论和谁，大家达成步调一致的前提都是一样的，那就是能够在工作的每个阶段进行充分的定期沟通。沟通的重点在于：

- 确定任务的优先级别，明确工作指令和工作预期。
- 制订工作计划，跟踪绩效并防患于未然。

如果你是老板，那么你一定责任重大，绝不能掉以轻心。但是，如果你的上级管理不善，那么你最好也能反向管理。（参见“保持步调一致的 5 种方法”。）

保持步调一致的 5 种方法

在协同合作的过程中脱颖而出，意味着你与自己的上级、下属以及其他处于水平线或斜线关系的同事都能步调一致。如果你想成为一名职场达人，那么你需要再迈出一步，为达到极致的步调一致而努力。

提前一步

定期将有关项目进展的文案或样本拿给上级过目，不要等到开例会时才开始讨论，你可能会因此及早发现自己的失误。即使交付成果的截止日期非常确定，你也不要等到最后一刻；相反，你要尽早与你的上级、下属或同事积极沟通，以确保你的劳动成果符合期待。你不仅要做口头报告，更要切实地拿出具体的文案或样本进行说明，例如："大家请看，这是我正在负责的某个产品的一个样例。它是否能符合您的期待、满足您的要求？我应该从哪些方面再做些调整？"

实时跟进

邀请你的上级、下属和同事监督你的工作。他们会在整个流程中清楚地看到你正在做些什么以及你是如何做的，这也能使其中隐藏的某些问题因为及时检查而得以浮现和解决。举例来说，如果你负责管理一个数据库，那么你可以邀请你的合作者完整查看并随机抽查。如果你负责出报告，那么你完全可以请你的同事阅读你早期的草稿或其中的部分章节。

保持沟通

在一对一交谈时，始终如实地汇报工作近况，清楚地说明自上次会面以来最新的工作进展，例如：“这些是我已采取的具体措施。这些是为了完成甚至超越我们一起制订的工作目标而将采取的步骤。”如实汇报之后，再进一步厘清后续的步骤。只要你坚持不懈地与对方保持一对一的坦诚交流，这种沟通方式必将常态化。

自我监督

善用项目计划表、清单核对表和活动日志来跟进具体的工作事项。以书面记录的方式监督自己是否依照项目计划的进度按时完成了预期目标。定期就工作进展及近况与合作者沟通。以日志的方式准确记录自己的当日行动，包括休息和各种被打扰的状况。每次开始有新的行动或举措时，要准确记录开始的时间和行动的内容。即使你只是每隔一段时间记录一次，也仍然可以通过这种方式了解自己的工作效率，进而做出适当的调整。

获取反馈

询问你的客户、供应商、同事以及其他相关人员，请他们就你的工作表现给出真实的反馈。你可以通过写信或写邮件的方式询问："您觉得我的工作表现怎么样？"人们自然会有所回应。你理应知晓别人对你的工作评价，进而以此为基础提升自我。

垂直对齐：与上级和下属保持步调一致

任何组织机构中都有决策层和一个稳定运行的指挥链。你需要时不时地确认指挥链的运行情况，确保自己具有推动和完成某项任务时所需要的权力。**要养成与公司的决策层、与你的上级和下属定期进行有效沟通的习惯，以此确保整体上的步调一致。**

与上级同步工作进展

假设你有望成为一名职场达人，你目前在一个跨部门的工作组或者一个负责特殊项目的团队中任职，而你从一开始就预期在一段时间，比如 3 个月内将自己每日或每周工作时间的 20% 拿出来投入这份职责。

那么，紧接着有可能发生什么呢？也许，你很快就发现你投入的时间从 20% 增长至 30%、50%，而原本预计的 3 个月也延长至 4 个月、5 个月甚至 6 个月。这种情况的发生通常是因为工作的范围蔓延（scope creep)，即一个项目的需求和预期在缓慢地增加或延展。

这种情况对你来说又意味着什么呢？在我看来，它意味着你工作的角色蔓延（role creep），也就是说，你在这个特殊项目中承担的工作份额越来越大，它甚至开始喧宾夺主，挤压和侵占你完成本职工作的时间。

你试图处理这种冲突。你端正态度，加倍努力，但你在心里也开始犯起嘀咕：这种状态究竟要持续多久呢？在项目进展的碰头会上，你发现远不止你一个人比预计的工作进度慢了一拍，一切都在往后延期。如此一来，整个项目的持续时间将会比你预期的还要长。此时，你有三种选择：

- 努力成为一名超人，力求面面俱到。
- 主动减少本职工作，将更多的时间和精力投入新项目中。
- 主动减少对新项目的投入，更加专注于本职工作。

力求面面俱到，你或许可以一直这样做下去，但也有可能发现自己越来越疲于应对。你可能会陷于其中无法自拔，进而开始拒绝其他任何出现在你面前的机会。与此同时，你担负着不断出错和项目延期的巨大风险。也可能到头来你会让你的上级或整个团队大失所望，甚至两者都对你不满意。事实上，无论你如何选择，对你来说最重要的是，你可以就此事找你的直接上级进行沟通，向对方及时报备项目进展的每一步。

艾莎是一名营销主管，她被挑选加入了一个由跨部门的合作团队负责的新项目。然而，随着项目交付的遥遥无期，她越来越感到力不从心。于是，她非常明智地选择和上级坐下来聊一聊她接下来究竟要如何工作。聊完之后，她发现自己其实别无选择。她既需要完成新项目，也不能落下日常工作。上级说她是能够同时接手这两份工作的唯一人选。借由领导的全力支持，艾莎觉得自己即使选择做个超人也可以。而且，在相当长的一段时间内，她在超负荷工作中所背负的责任都是由她和领导一起承担的。

艾莎和上级始终保持着有效的定期沟通。她的上级后来在某一个时间节点上也看到艾莎能够在重压之下依旧保持工作的平衡，因此举荐她升职加薪。尽管艾莎没能在超负荷的压力之下做到尽如人意，但由于她和上级始终保持沟通，这样的结果也不算是意料之外。她的上级也许早已为她提供了额外的支持，也许早已找到了能够接替她的额外工作或者本职工作的合适人选，又或者早已找到了同时接替这两个职位的合适人选。

同样，如果艾莎和她的上级一致决定艾莎主要负责跨部门合作的新项目，那么他们的实时沟通将有助于上级尽快找到接替她本职工作的人选。为了顺利完成工作交接，艾莎需要就本职工作的主要任务、具体职责和手头项目等做一份详尽的工作程序及步骤说明，她还极有可能需要对自己的接任者进行现场指导和培训。

艾莎和自己的上级始终保持步调一致，这就使得工作进展远比她一个人单打独斗来得更加顺畅。她还能在这个过程中帮助她的接任者成长为新的职场达人，她的领导才能和管理经验将得到进一步加强，人际关系也将得到进一步扩展。

如果艾莎选择向上级坦承自己不喜欢这个跨部门合作的新项目，更希望能保证至少 80% 的精力都投入本职工作当中，那又会是一种什么样的情况呢？也许，艾莎的上级早已盼着她彻底回归。

无论如何，艾莎都需要和发起这个跨部门合作的执行人及具体负责的工作团队做好沟通。她的上级也许会介入她缩减在新项目中的工作量的尝试或者全然退出的商讨和谈判，也许不会。

可以说，通过与上级、与跨部门合作的项目团队的协商合作，艾莎将有可能得到她所需要的各种支持。同样，无论她是完全地还是部分地退出新项目，她都有机会挖掘和培养自己的接任者，帮助他成长为新的职场达人，从而进一步拓展自己的人脉网络。

与下属定期沟通

在与上级保持步调一致的同时，你也需要和自己的下属保持步调一致。你的下属和你一样不希望自己在错误的方向上耗时耗力。他们需要你的指点、教导、辅助和支持，以保证工作顺利完成。总之，管理他人责任重大，千万不能掉以轻心。

与每一个在你手下工作的人保持畅通无阻的定期沟通，是你确保他们能够独当一面的关键。有没有什么问题是需要立即解决的？有没有什么问题是长久以来悬而未决的？有没有什么需要你额外核实的资源？有没有哪些目标或指令还不够明确？有没有哪些进展是自上次会面后你理应了解的？

你的下属有可能和你、和艾莎一样，需要完成大量的工作却感到时间不够。除了向你直接汇报的本职工作之外，他们也有可能被拉入与他们呈水平线或斜线工作关系的其他项目之中。

因此，你首先要密切留意他们的工作量，实时掌握每个人劳动产出的能力。许多人称这种能力为一个人的“带宽”，意指“你究竟可以处理多少工作”。

其次，确保你没有过度承诺。处于管理岗位的人往往会对自己的上级、对与自己呈水平线或斜线关系的同事过度承诺，结果导致自己的下属深受影响，不得不加班加点地超时工作。

最后，当你的下属因工作量太大而开始有过度承诺的风险时，请善用你们的定期沟通帮助对方厘清思路、确定优先事项。一如艾莎的上级那样给予你的下属持续、稳定的支持。（参见第 75 页“容易偏离本职工作的 3 类员工”。）

这正是乔尔一心想要成为的上级类型。乔尔在一家生物技术公司担任研发经理，他发现自己的团队成员经常因其专长而被邀请加入一些额外的项目。他和这些自己特别关注的员工保持着密切联系，时刻帮助他们留意工作范围和工作角色的蔓延问题，并经常询问他们是如何在本职工作和额外任务之间进行时间分配的。

乔尔和他的下属经常会讨论两个问题：哪些任务可能无法完成？哪些任务可能有所延迟？如果无法保持各方平衡，乔尔就会帮助自己的员工进行取舍。有时，他也会亲自出面与额外工作项目的负责人直接沟通。他通常会帮助自己的下属推迟或解除一些并不紧急的任务，或者根据下属的需求制订备份计划以提供额外的支持，其中包括找到合适的帮手来分担和减轻工作量。

这恰是对人脉资源拓展的特殊价值的又一佐证。一旦你的团队中有人负荷超载，你并非次次都能将对方的任务再次分配给他人，因为其他人也可能处于不堪重负的边缘。所以，此时可能正是输入新鲜血液的好时候。在以往合作共事的过程中，你或许已留意到你的某位同事或者你的某个下属工作表现出色，而你的业务能力也深得他们的认可，那么你们双方一拍即合，对方极有可能加入你的团队。

但是，你需要特别小心处理从别人的团队“挖人”这件事。你最好能一直留意挖掘和培养新人（包括在你自己的团队内部甄别挑选）。如此一来，一旦需要为超额超时工作的团队成员减压，你的手中就能有备份人选可用，而对方也将有机会成长为下一个职场达人。

当你是任由他人摆布的“客户”

有些时候，你或者你的下属会发现你们可能完全受制于某个你或者你的下属依赖的工作伙伴，但是要么对方并不和你或你下属的成功有真正的利害关系，要么你或你的下属根本无法向对方追责，甚或这两种情况兼而有之。无论对方是来自内部某个部门的你必须与其合作完成某项任务的同事，还是来自外部在某个关键项目中手握财政大权的负责人，你身为上级都需要协助你的下属处理好这些棘手的合作关系。如果你就是那个下属，你理应向你的上级寻求必要的帮助和支持。

如果你觉得自己被人任意摆布，说到底你是对方的“客户”，那么你就需要在组织机构中从与自己呈水平线或斜线的方向上寻求他人的合作和帮助。再次强调，“垂直对齐”至关重要——向上寻求上级的指导和支持，向下给予下属需要的帮助。而且，你应当尽早建立步调一致的垂直关系。

尚特尔是一位非常有才华的平面设计师，就职于一家全球咨询公司。她的一段经历就极具警示作用。一天，她和往日一样，在工作即将结束时，坐在电脑旁等着接收明天一早要交给上级的一份四色印刷的宣传手册的文稿。这是一名在另外一个时区工作的撰稿人早先答应她的事。

尚特尔已经做好了宣传手册的整体设计，只需要最后加上手册的标题和公司标志就大功告成了。此时已是下午 5 点，撰稿人的文稿仍然没有发送过来。尚特尔觉得不大对劲，怀疑是不是哪里出了什么问题。

这种情况以前她也不是没有遇到过。之前有一次，这名撰稿人也没能按时交稿，一直拖到很晚，大概是尚特尔这边晚上 8 点的样子。看来，这一次这名撰稿人又重蹈覆辙了。也就是说，即使尚特尔此时催他，最好的情况也是她要一直等到晚上 10 点才能收到对方发来的稿件。这也就意味着她需要在晚上加班加点完成设计，以便赶在明天一早上交。

千万不要让自己一次又一次地陷入尚特尔遇到的这种情况。不要等到最后一刻，不要通宵达旦，不要最后想着和上级解释说因为同事的延误而让你错过了截止时间。

相反，你应该和上级及时尽早地进行沟通。如果你已经预见在某个项目中起关键作用的某个同事可能会出现某种纰漏，那么要远在截止日期之前就向自己的上级报告。你这么做并不是要让你的上级亲自介入或是去找对方的上级，而是提醒你的上级事情可能会出现状况，而你正在寻求他的帮助。比如，你可以：

- 询问是否可以重新设置一个灵活的截止日期。
- 就下一步要如何做才能满足你的需求，寻求领导的建议。
- 如果截止日期无法更改，询问领导是否有其他备选方案或其他合作者可以推荐。

在与领导持续有效的沟通过程中，你要提前思考，大胆表达。你要说明为了完成任务，你在每一个工作步骤上所需要的资源支持（尤其是在牵扯到与周边同事的协同合作时）；你要清楚地阐明自己需要什么，你计划从谁那里、什么时候、以什么方式获得你想要的东西；你要咨询如何才能确保按时从合作者那里拿到自己想要的东西。也许，你的上级还会和你分享一些如何从某些人、某些团队或部门获得某些资源的小技巧。

如果你遇到了一些工作障碍或是工作延误，务必尽早和你的上级沟通汇报，讨论你的备份计划、应变方案，以及如果无法获得需要的支持，你将如何去做。

THE ART OF BEING INDISPENSABLE AT WORK

容易偏离本职工作的 3 类员工

有一些类型的员工会比其他人更可能一头扎进自己本职工作之外的项目中。我将他们划分为帮手型、专家型和淘气鬼型。

帮手型员工离开自己的本职工作是因为他们内心开放并善于解决问题，更重要的是，他们很难拒绝他人。因此大家一有问题总会去向他们寻求帮助。

专家型员工因为精于业务，通晓答案，所以常被人们请求回答某个问题或是查看某种情况。

淘气鬼型员工之所以脱离自己的本职工作，是因为他们会被某些有趣的想法或提议深深吸引。这些点子往往不是出自他们自己，就是出自和他们一样的淘气鬼。

帮手、专家和淘气鬼们会发现自己总在和上级不停地解释为什么本职工作又没能赶上进度，通常是因为他们忙着去做分外之事了。

如果你是一位上级，遇到以上三种类型员工中的一类，可能忍不住会说：“不要忙这些事了，先做好本职工作吧！”但与此同时，你也深知帮手、专家或淘气鬼其实也有自己积极正向的一面，因为他们通常会做一些特别有意思的事情，而这些事情让他们成为你最好的客户心中的职场达人。

所以你先不要急于阻止他们，而是帮助他们做好他们擅长的部分，让他们的特质成为你们之间持续对话的一部分。从安排他们每一步的工作量到安排优先事项等，你要始终与他们保持同步。你可以帮助他们设置明晰的处事原则，由此让他们在不忽略本职工作的同时，有时间去忙本职工作以外的事情。

例如，作为上级，你可以和他们讨论他们花多少时间去忙本职工作以外的事对你来说是可以承受的。有没有什么标准可以帮助他们判断是否应该承接某个额外的项目？哪些人是他们应该避而远之的，而哪些人又是他们应该不遗余力地施以援手的？这些问题都是可以讨论的。

设置好时间安排和明确的工作方案之后，你可以帮助他们养成在工作日志中详细记录额外工作进展的习惯。而后，你可以给予他们适当的信任。如果在你看来他们的额外工作注定毫无价值，那么你最好及时叫停。

如果你发现原来自己就是帮手型、专家型或淘气鬼型的员工，那么你完全可以拥有这些特质而不必总担心自己无法做一些额外的事。如前所述，记得和自己的上级实时沟通，以此厘清自己的喜好。如果上级认为你所做的额外工作对整个组织机构毫无价值，那么你需要认真考虑这对你来说意味着什么。如果你认为上级的判断有误，那么你要做好准备，努力将自己所做的工作转化为一个成功的案例。

保持步调一致也意味着收集和分享信息

“知识就是力量。”

睁大眼睛、张开耳朵，随时留意来自指挥链上下的各种宝贵信息。这不是说你要打听和传递各种无聊的八卦，而是说你要从下属那里了解工作第一线的各种情况，从上级那里了解决策层的动态，从其他人那里获得这两者之间的各种有用信息。

事发之后再让自己与既定决策及优先事项保持一致是远远不够的。你应该在具体政策及优先事项被决定之前就提供自己的见解。你应该对整个情势有更充分的了解。在一个业务数据无限广阔的天地里，人的智慧——人的思想和言论，依然是最为珍贵的。一个人的想法可能往往并没有在决策机制中被有效传达。所以，当你在收集和分享信息时，你实际上是在告诉自己的上级，你很关心自己的工作是如何嵌入整个组织机构的规划之中的；你也是在告诉自己的下属，你很在意他们的切身经验和观点，很珍视他们所学习到的一切。

你可以尝试做到以下几点：

- 定期向你的上级咨询高层的重要决定，尤其是有关优先事项、人事安排、公司政策、工作程序、工作系统或资源分配的变动。
- 确定自己充分了解这些变动对你的工作、你下属的工作会带来什么样的影响。厘清哪些信息需要保密（至少是暂时保密），而哪些信息你可以放心地与同事及下属分享。

- 及时将你在自己所在的层面观察到的，或是从同事、下属那里了解到的重大事项向上级汇报。这将有助于你的上级通过你提供的第一线资料及时发现各种潜在的风险和挑战，同时也看到各种需求和机会。

- 及时让上级了解你与其他同事或下属的沟通情况：你是否正在处理或参与人事问题、绩效问题；团队合作是否出现某些冲突；有突出表现的员工是否需要特殊的奖励；人员的配置级别是否需要变动；有无培训需求；有无其他涉及资源需求的问题。

- 如果你是上级，记得要和自己的下属保持信息的对称和沟通。

横向对齐：与同事保持步调一致

如果你做到了我前面提及的在垂直关系上的步调一致，那么你将能够以一种非常稳固的姿态来与你周边的同事保持步调一致，尤其是那些与你呈水平线或斜线工作关系的同事。

项目团队的例会通常是你们之间保持有效沟通的平台，但是，许多关键性的信息交换往往是在一些非正式的场合完成的，比如走廊上的偶尔相遇、一顿工作午餐、一条短信、一通电话、办公室里的非正式拜访或是其他一些项目的碰头会，等等。

正式的定期例会

开会是个好机会，但并非每一次会议都能有成果。一次好的会议需要具备以下三个要素：

- 凝聚力量：让与会者有一种归属感。
- 信息共享：让一群人在同一时间同一地点以同样的方式接收到信息。
- 头脑风暴：就一个项目集思广益或处理一个悬而未决的问题。例如，规划多人参与的合作项目时，能够有效沟通，顺利交接。

在充满协同合作变革的当代职场，大部分工作都需要多人参与，因而大大小小的会议无处不在。许多人和我抱怨说自己一天净忙着开会，连正儿八经工作的时间都没有了，而且很多时候，会议的内容和形式还不尽如人意。如果是很多人一起开会，即使只占用每个人 1 分钟，那么多人下来，时间成本也非常高昂。由 8 个人参加的 30 分钟的会议所消耗的能量相当于一个人连续工作 4 小时的产能（也就是说，人们完全可以利用开会的时间做其他的事）。

我永远都记得我第一次走进一家公司的会议室，看到张贴在墙上的开会守则时的情景，宣传标语有“如果你是会议主持，请事先向所有与会者发送会议议程”“请将手机调至静音”“会后自行清理垃圾”等等。

我当时和坐在旁边的人说：“你觉得有必要吗?”“是没什么必要，”她对我说，“这么做让人感觉很幼稚，大家其实也都不太舒服。可是怎么说呢，有一些人在开会的时候的确表现得太差。”

自那次之后，我也记不清究竟见过多少间会议室里张贴着这一类的开会守则了。毫无疑问，没有议程的会议仍在举行；即使偶有议程，也很少会按议程进行。开会的人依然会拖延超时、偏题跑题、在一旁交头接耳或是心不在焉，一边开会一边拿着手机或笔记本电脑处理别的事（有时还假装自己在做笔记），偶尔附和几声已经讨论过的问题。开会的人还是会晚到早退，叽叽喳喳，甚至在会上大快朵颐。只要你能想到的糟糕状况，都可能在会上碰到。

人们会注意到那些在会上表现特别差的，但也会留意到在会上表现特别好的，真希望你就是表现特别好的一位。

首先，你懂得如何开会。你是大家心目中公认的开会标兵。换句话说，大家认为你在会上的发言既有信息量又有可信度。千万不要给自己同时安排两个或三个以上的会议。这种现象在试图成为职场达人的职场人士身上非常普遍，因为他们会以这种方式让自己看上去忙得团团转。然而，同时参加两个会一点儿也不酷。一个人怎么可能同时出现在两个地方呢？如果开会期间你进进出出，这会极大地干扰到他人。如果会议时间有冲突，那么仔细选择一个对你来说更重要的而非更简单的会议去参加。会议的重要性并不取决于与会者里是不是有大人物、是不是有高管，而是在于你在会上是否扮演相当重要的角色，你的参加是否会让整个会议更具价值。如果你一时拿不定主意，那么请与你的领导保持一致。

其次，在参加会议或会上发言前，确保你了解会议的内容，确定你被要求或被邀请参加。你对自己最大的帮助就是清楚地知道哪些会议应该去，哪些会议可以不去。再次强调，你需要和自己的领导步调一致。在会议上找到准确定位的关键就在于你要自问，你在会上主要负责沟通或收集什么样的信息，并为此提前查看和阅读相关资料。在会议开始前，你需要和谁沟通吗？如果你要在会上发言，那就要准备得再充分一些。问问自己可以给与会者带来什么样的价值，而后在会上确保自己完整地提供了这样的价值。

如果你并不是参会的主要成员，也没有其他清晰的会议角色，那么你最好不要出声，以免平白无故地延长会议时间。有意培养和规范自己在会上的言行举止：不要一边开会一边处理其他事务；避免发出噪声或者不必要的举动；专心致志地开会，仔细聆听并学习。如果你想发言，那请自问：我要讲的是不是此时此刻大家需要听到的？如果你想提问，那请先考虑你的问题是否与会议主题相关，或者是否在会后通过看文件或咨询他人便能得到答案。

非正式沟通

那些在正式会议之外的沟通交流又是什么情况呢？也许某人在咖啡

店和你分享的消息、某位同事发给你的一条短信或是快速查岗时带来的信息与你在会上得到的或参与讨论的信息一样重要。

在非正式的沟通交流过程中也能获得有用信息的诀窍就在于有规划地获取这些信息。与你会在正式开会时做笔记并最终学以致用一样，你要尽可能地在非正式的交流过程中学会捕捉和善用你得到的信息。事实上，如果你被要求“在你所在的层面解决问题”，那么非正式的沟通有可能是唯一的途径和工具。

因此，你要密切留意各种在不同会议之间、会前或会后大家的私下交流，以及会议中在你前后左右的一些交谈。这些看上去偶然出现的交流机会说不定蕴含着对工作内容来说非常实质性的讨论。这正是关键所在。那些在会上交流的只言片语或是会后大家围拢一处的交谈往往含有非常重要的信息。那些通过电子邮件、短信、通话、走廊聊天得到的信息和在办公室里交换的信息一样重要。

所以，不要让这些有用信息杂乱无章地停留在那里，而是要尽可能地将它们分门别类，进行结构化地统一梳理：

- 阻止某人一个劲儿地传递小道消息。
- 记笔记。
- 以书面形式核实你听到的口头消息，进而安排后续一对一的有效沟通。

巴德在一家市值 10 亿美元的工业公司担任粮食采购员。他最近发邮件对我说，上次参加了我开办的培训班之后，他将学到的技巧加以运用并从中获益良多。巴德所做的一直都是帮助农民出售自己的粮食。他的合作对象涉及各行各业，从承包商、调度员、货车司机、粮食升降机的操作员到加工商、融资方等，可以说是应有尽有。

巴德在一封邮件中写道："我一直想当然地认为我和大多数工作伙伴的交流都是零散无序的。但是，参加完上次的研讨会之后，我开始随身携带笔记本，仔细记录一天行程的每一站。如今，每天的工作结束前，我都会根据笔记内容发送出多封邮件。我也因此很好地梳理了每一天的工作，防止重要信息被忽略或被遗漏。"我最喜欢他在邮件结尾时说的这番话："有一位生产商对我说，天啊，上次看你总在记个不停，你一定特别认真负责。我说，没错，先生，是的，我很认真。"

将零散获知的信息加以结构化的整理，你会获得意想不到的效果。尤其是当你中途被干扰时，这一点特别有用，比如你正忙着做某一件事，但有人突然向你抛出了一个你一时之间不便回应的问题或评论时。

如何处理被打扰的问题

会有人经常打扰你吗？你又会经常去打扰谁呢？看上去毫不起眼的临时性沟通有可能成为持续进行的重要对话。与刚才提及的关键点一样，你要试图对自己被打扰时获得的零散信息进行结构化的整理。

让我们来试试看。假设有一位经常打扰你的同事这次又来找你，你先不要急着打断他，而是听完之后提议安排一次单独的谈话。确定好谈话时间后，你可以提议你们双方各自就想要讨论的问题列一个清单，并做一些相应准备。

试想，这样一次谈话是不是要比若干次的打扰更有效？如果谈话到时进展得不错，那么结束前可以商议好下一次的谈话时间。你们之间就此可能会形成有规律的定期沟通，并以此完全替代之前时不时的打扰与被打扰。

定期沟通对那些支付了维护费用的高成本客户尤其适用。他们通常并不会突然来找你，你很清楚他们是你的重点客户，对于他们的打扰你也根本不会有什么怨言。其实，你完全可以主动提供全方位的服务以避免不必要的麻烦。根据问题出现的频率，你可以提前一步安排好一对一的定期沟通，这必将大幅减少对方突然打扰你的次数。当然，突发的紧急情况除外。

如果你是那个经常会去打扰别人的人呢？可能你想都没想就会在你的供应商或下属正忙于工作的时候提出某些问题或是发表某些看法，或者工作中因为急于获得指导或帮助便几乎每天都去麻烦自己的上级或团队里的职场达人。

如果是这种情况，请你尝试和对方约时间进行一对一的直接沟通，可以是在吃午餐、喝咖啡的时候，也可以是在会议室里的一次 15 分钟的对话。

把自己遇到的、想到的问题积攒起来，并在对话开始前做好自己的功课和准备。如此一来，你的下属、供应商、上级或同事都会对你心怀赞许和感激。说实话，当一个人被打扰的时候，他不可能处于一种很好的状态。既然如此，你又何苦成为一个会时常打扰到别人的人呢？

棘手的斜线关系

斜线的工作关系是怎样的呢？一般来说，在组织结构图中，其他部门的那些比你的职位或高或低、与你没有直接的权责关系的同事，就是与你有着斜线工作关系的人。

他们有可能职位稍高，有可能与你的上级同级甚至与你上级的上级同级，却和你在某个任务组或项目组里一起工作；或者，你发现和你一起工作的某个同事并不向你，而是向与你平级或是职位更低的某个人直接汇报工作。无论如何，你们之间都没有彼此隶属的权责关系。

这些斜线工作关系之所以棘手，就在于权责的模糊不清。彼此是一种间接的而非直接的权责关系，由此可能会导致一些误解，你可能一不小心会冒犯到甚至惹怒对方。如果你想处理好向下的斜线关系，请留意与对方的上级保持步调一致。如果你和他的工作关系有所变动，请在第一时间让对方的上级了解情况。

如果你想处理好向上的斜线关系，那请你与自己的上级保持步调一致。由于合作同事的职位比你高，尽管他并不直接管辖你，你也不会想让他感到失望。此时，请切记在工作过程中始终将自己上级的权威摆在最前面，也就是说要给予上级充分的尊重。也许是你在负责具体的事务，也许是你在往前推进，但请记得始终将上级放在第一位。假如你想趁此机会换到合作同事的手下工作，那你正好可以让对方看到你的工作方式。**不擅自越权，会定期沟通，始终与上级保持步调一致。这就是正确的做事方式，也是你努力想要留给别人的印象。**

成为工作关系中的管理者

在协同合作的浪潮中，权责关系不明晰的跨部门、跨职能合作大幅增加，所谓的自主管理的团队也越来越多，组织机构的管理层更是多有精简。这一系列的变化不仅使组织机构中的级别区分日趋扁平化，也使管理者的管理范围逐步扩大。**想要确保自己始终与决策层保持步调一致并朝着正确的方向前进，唯一的方法就是无论在哪儿都能够在工作关系中成为管理者。**这会是一番怎样的景象呢?

施瓦茨科普夫上将经常引用一句古老的军事用语来解释什么是领导者。他说："你指挥，你负责。"在发生协同合作变革的当代职场，我想这句话可以改写为：无论你是否具备指挥权，你都要担责。

施瓦茨科普夫上将的一位四星上将同事对我说："成为管理者的方法

只有一个——多沟通。”他接着说，“那么多人都想成为管理者，但令人惊讶的是大部分人在沟通的时候都毫无章法可言。”请允许我对他的话稍作改动：如果你想成为管理者，那么你必须能够在沟通的过程中张弛有度、有理有据。

我的公司在过去数十年的研究表明，如果你能够在任何类型的工作关系中进行张弛有度、有理有据的沟通和交流，做到既言之有物，又定期有效，那么你的工作进展就会顺畅很多：不必要的问题产生的概率会大幅降低，确定的问题能被快速解决；资源分配规划良好，很少发生浪费问题；大家能够凝聚共识一起努力，内部由于层级差别而产生的冲突也将减少。

无论你是在职场哪一个方向上的工作关系中做管理和沟通工作，这一点都确信无疑。但工作顺序依然非常重要：首先保证自己有一个步调一致的垂直关系，即向上和自己的上级、和内部的指挥链保持一致，向下与自己的下属保持一致。这是你需要稳固的基本盘。在此基础上，你再去梳理与你呈水平线和斜线的工作关系。

水平线或斜线的工作关系往往会权责不清。那么，当你和你周边的同事需要在你们所在的层面解决问题的时候，这通常意味着你会适时地选择说“no”或“yes”。而且，一旦有所承诺，便意味着要付诸行动。因此，千万不要过度承诺或是承诺之后没有规划。

职场达人的 TIPS

THE ART OF BEING INDISPENSABLE AT WORK

- 通过有效的定期沟通，确保你踏出的每一步都与领导步调一致；确保你与自己的下属步调一致，确定他们清楚你发出的行动指令，并了解可以自主裁定的工作范围。
- 在梳理水平线或斜线的工作关系前请先保持“垂直对齐”。
- 垂直关系稳固之后便可以发展水平线和斜线的工作关系。
- 当你沿斜线关系向下管理时，与对方的领导保持一致；当你沿斜线关系向上管理时，与你自己的领导保持一致。
- 开会时的发言，要既有信息量又有可信度，这样你才能成为大家公认的开会标兵。
- 在零散无序的沟通中提取有效信息，将信息进行结构化整理。
- 与时常会打扰你的人和你时常会打扰的人安排定期的一对一的谈话。
- 无论你是否有指挥权，都要勇于担责。如果你想成为管理者，切记在与他人的沟通过程中做到张弛有度、有理有据。

THE ART OF BEING INDISPENSABLE AT WORK

法则 3

知道什么时候说“No”，更要知道如何说“Yes”

THE ART OF
BEING INDISPENSABLE
AT WORK

每一次
正确地说“no”
都在为一个
更好的“yes”留出空间。

你一整天都在忙着回应来自四面八方的各种需求。它们可能来自你的上级、下属或周边的某位同事。这些需求有的像是从天而降——来自某个你从未听说过的同事，有的是在开会期间从桌子对面递给你的，有的是从密密麻麻、来来回回不停抄送所有人的电子邮件中发给你的，有的来自一则短信或线上动态，有的是有人走进你的工作区当面提出来的。

对你来说，面对每一个请求的核心只有一个：答应还是拒绝。然而，答应与否往往并非由你自行决定，而是由你的上级或指挥链的上端或明或暗地决定的。这也是为什么我们在前几章不断强调要与自己的上级保持步调一致。你需要清楚地知道哪些是不需要你参与便已做出的决定。你同样需要给予你的下属类似的明确信息。

知道自己无权做出什么样的决定就犹如拥有了一道“防护栏”。防护栏具有强大的保护作用，一旦你明确了自己的权责界限，知道哪些不在你的决策范围内，一切都将明晰起来。认识这一点，可谓意义重大。

当你与自己的上下级保持“垂直对齐”时，它所界定和设置的防护栏将有助于你明确自己的职责范围。**在哪些范围内你具有自主裁定的权限并需要承担与之相应的责任，这一点恰恰是你一整天面对各种请求时选择答应还是拒绝的依据和标准。**

每一个“No”或“Yes”
都包含着机会成本

我们做出的每一个“no”或“yes”的决定都包含着机会成本：

- 一次错误的“no”意味着丧失了一次机会。如若错误被修正，那么它意味着一次延迟的机会或已经有些变味的机会。
- 一次错误的“yes”意味着白白地浪费了时间、精力和金钱，并因此丧失了其他可能更好的机会。
- 一次正确的“no”，或是“not yet”（还不行），意味着给更好的机会留出空间。
- 一次正确的“yes”意味着善用一次绝好的机会为他人服务，助他人增值，并以此增加你的真实影响力。

当你错误地做出了“yes”或“no”的决定，那么你的感受必定很是糟糕，之后能自主决定的权限也必将收缩。你由此丧失了自我增值或拓展出尽可能多的积极正面的工作关系的可能。

与此相反，当你做出了正确的决定，你将获得更多更好的机会实现自我增值，开拓正面的人际工作网络，并获取更多的自主裁定权。

所以说“no”还是“yes”，风险甚高。

有些人对说“no”有一种强烈的偏爱，因为它可以即刻叫停各种活动，让人感觉气势威猛。另外，由于事情再无进展，你无法评判后续的对与错，所以说“no”似乎风险较小，所谓不做不错。但是，如果你所做的不过是一连串的否定和拒绝，那你存在的意义又在哪里呢?

一声“yes”听上去让人感觉唯唯诺诺，好似在一味顺从。事实上，答应就意味着行动。如果你答应得恰逢其时，那么恭喜你中了大奖：你将有机会服务他人、为彼此增值、在协同合作中大获全胜并扩大自己的真实影响力。因此，一句“yes”蕴含着不断盘旋上升的无穷潜力。

你做出的每一个决定，无论是“no”还是“yes”，都必将落实为你将如何利用自己的时间。

面对要求，在第一时间做出正确决定

首先，我们一定要明白：没有人无所不能。是的，有太多人在你的身旁聒噪，告诉你他们觉得你特别棒，能够面面俱到，然而事实上，你需要仔细考虑那些互相竞争的优先事项、各种工作议程和你的个人偏好，从而做出自己的选择。

有些事可能过段时间才能完成，有些事可能怎么都完结不了。这就是必须接受的冷酷现实。除非你接受这样的现实，并能在每一步都尽快尽好地做出自己的选择，否则你将会陷入过度承诺综合征难以自拔。

其实，很多过度承诺综合征都源于“错误承诺综合征”，也就是说你错误地选择了说“no”还是说“yes”，结果就是，你可能最后被迫连续说“no”。

如果一开始你没能及时做出决定，那么迟早会有人替你来做。届时，你可能已经错失良机。所以，你必须第一时间做出选择——做出正确的选择。

问题是，我们为什么会重蹈覆辙呢？为什么没能一次又一次地及时做出选择呢？原因就是我们不知道如何做出正确的选择，无法对它有可能产生的后果进行一系列的预测。

当正确的人做出错误的决定

有些人只会一味说“yes”，因为他们一心想成为别人眼中积极配合的团队合作者，或者误以为“yes”会让自己成为职场达人。

有些人甚至都没有意识到自己正在做出决定，有可能还是一些重要的决定。他们通常都是以一种默认的方式，而非正式做决定的方式，做出了选择。

这种下意识的状态可能会让你在度过了漫长的一天之后纳闷儿：“我今天都做了些什么？”回想起来，你才发现自己做出了当时压根儿没有意识到的各种决定，你会觉得自己原本可以做得更好。

有时候，你发现第二天不得不推翻或取消前一天做出的某些决定。它们往往是你与周围的同事在互动时做出的一些星星点点、看上去微不足道的小决定，比如有人问你：“你能帮我解决一下这个吗？”“你有那个资料吗？”“你有某方面的资源吗？”“你对这个有什么想法吗？”其实，这些抛给你的问题可以总结为：你能做好自己的分内事吗？这样我也可以做好我的事。

为什么人们在日常工作中会马虎草率地说出“yes”或“no”呢？我想首要原因是大部分人并没有把自己的需求说明白。他们不知道要如何组织框架、如何解释、如何将问题一一拆解，于是，他们自以为向你提出了某个请求，但你压根儿没有留意到。

你觉得自己在这方面的表现如何呢？也许你也不大善于提出请求，也许你原本需要从你的上级、跨职能部门的合作者或是项目团队中的某个人那里获得某种帮助和支持，也许你突然需要从某位同事那里得到一些东西，也许你提出的某个请求或别人请求你的某件事在当时看起来无关紧要，于是，你不经意间给出了或是得到了一个漫不经心的答案。例如：

- 你对某个看上去像是一次性的任务说“yes”，比如你答应帮同事校对某个合作项目的总结报告，可是后来你发现报告需要重写，整个过程既耗时又费力。另一种可能性是你拒绝了同事想让你校对的请求，结果，由于这份总结报告过于混乱，你错失了一个改变或提升上级对这个项目的看法的机会。

- 你拒绝了别人要求你为机器添加润滑油的请求，结果机器坏了，导致你无法完成自己的工作。或者你答应了，在添加润滑油的过程中发现机器需要大修，而修理的工作占据了你一整天的时间。

- 你同意帮忙面试新一批的求职者，事后你却发现要为此去某个偏远之地出趟差。或者你拒绝之后发现，这批候选人有着非常不错的新想法，或对未来有着非常好的新见解。又或者你发现原来出差的地方是位于法国南部的一个度假胜地，你本来可以趁此机会和另一半共度美好时光。

所以，请不要连想都没想就草率地答应或拒绝，并由此决定如何利用自己的时间。（参见第 99 页“做出正确决定的关键”。）

THE ART OF BEING INDISPENSABLE AT WORK

做出正确决定的关键

想一想我们通常做出决定的基本方式：权衡利弊。当我们列举某项选择的优缺点时，我们实际上是在对它有可能产生的后果进行一系列的预测。

大多数情况下，做出一个好的决定主要在于能准确预测到行动的后果，看到其中的因果关系。

仅凭经验是不可能让我们学会如何做出正确决定的。经验的价值在于让我们看到并学习到如何吸取教训，诸如：什么样的原因会导致什么样的后果，什么样的决定和行动会导致目前的状况。当你发现蕴含在其中的因果规律时，你就开始具备预见后果的洞察力。

玩过国际象棋或其他类似的益智游戏吗？玩好这类游戏的关键就是提前布局。远在你走出某一步之前，你已经在头脑中看到了它有可能带来的在后续很多步之后才会显现的某种后果。如果现在我走 A 步，对方棋手可能会出B步。那我可能接着出C步，对方有可能出D步。我接着走 E 步，对方走 F 步，以此类推。战略决策的制订者将之称为“决策树”或“行为树”。因为我们的每一步都会引发后续的一连串的反应或反制。每一个决定或行动都会产生一系列可能的反应，而每一个有可能的反应都会产生一系列有可能的反制。

因此，你需要密切留意自己在日常工作中所做出的每一个决定，你需要时不时地停下来反思。请提早布局，考虑因果，画出自己的决策树或行为树。

好的决定需要尽职的前期调查

山姆很善于做决定。他会认真倾听每一个需求并认真对待。无论是答应还是拒绝，他都会仔细考虑自己的回应，因为没有什么比一个合理的拒绝理由更易于让人们接受。山姆很少一口回绝，他通常都会说“还差点儿意思”，让对方回去接着调整。有时，他不急于立马回应，而是等处理完其他紧急事务之后再给出自己的答案。当然，一旦答应，他就会制订一份明确的行动计划来确保每一步的顺利完成，其中包括明确的工作步骤、时限设定以及接下来具体每一步的负责人等。

如果你询问山姆有什么秘诀，他会说他将每一个决定都当作一次重要的投资来看待。事实也确实如此，每一个决定都意味着他对自己有限的时间和精力做出了分配。

你理应和山姆一样，将每一个“no”或“yes”看作如何使用自己的时间和精力的一次选择。如果你以负责任的态度做出了选择，那么接下来你就应该尽力而行，做好前期调查。前期调查是指你对各种有可能的投入进行仔细的调查和分析，尽可能地掌握各种信息和事实以帮助自己做出明智准确的判断，由此避免对自己或请求者造成某种不必要的伤害。这个收集信息的调查过程实际上是对双方的一种保护。

你对自己收到的每一个需求都理应进行认真负责的前期调查。你每做出一个正确的选择都意味着节省了时间，并避免了后期不必要的麻烦。同时，它会让他人对你未来的决定更有信心。

前期调查的第一步是坚持让对方将需求讲清楚、说明白。

如果你是提出需求的一方，那么请你确保自己提供了充分的相关信息，以便对方能够做出正确的选择。同时，请做好回答更多问题的准备。

如果你是收到需求的一方，那么你可以：

- 对需求本身多加询问，提出一连串的好问题。
- 知道什么时候说“no”，什么时候说“not yet”。
- 一旦同意便积极采取行动。

不过，事情的发展往往都是“理想很丰满，现实很骨感”。

举例来说。一个周一的早晨，一家制造消费类电子产品的公司在美洲区的总裁向他的执行团队简要介绍了刚刚从公司的全球 CEO 那里得到的最新指示：开发一款可以明年上市的重磅新品。这条指示在与会者当中并没有溅起多少水花，因为它和往年的指令差不多。

可是，对于两年前带领自己的小团队加入这家公司的雷斯来说，这个消息让他感到充满挑战。雷斯身上既有一股企业家的创业精神，也有一种勇于探索的创新精神。他目前管理着一支研发团队。他希望这次能够再创佳绩。他心里一直有一个开发新产品的想法，在他的构想中，这款新产品体积小、重量轻、易于运输又便于操作。

雷斯将展现他个人构想的初始图纸及一些设计的核心元素交给了专门负责挑选今年研发新品的跨职能合作的产品创新团队。他特别希望能赢得这个团队的鼎力支持，进而能将他的创想看作未来一年潜在的爆款新品。

听完雷斯的介绍，销售主管萨利纳第一个站出来表示支持。她说：“yes！就是这样，想一想我们之后有可能占据的市场份额，多好的机会呀!”

这时，质检部门一向谨慎的主管伊坦提出了异议：“no，这风险太大了！”

“而且，”财务会计利拉接着说，“前期投入看上去会非常大。”这只是与会者中的一小部分声音。每个人似乎都态度鲜明，极其迅速地做出了反应。可是，如果我们从外往里看，又觉得哪里有些不对劲。这其中的一个大问题就隐藏在显而易见之处。

要求究竟是什么

这个大问题就是：没有人真正清楚来自公司最高层的要求究竟是什么。从最简单的层面来说，公司全球 CEO 对美洲区的执行团队提出的要求宏观且巨大，可以说相当模糊，好似全公司已处于得失成败的关头。实际上，全球 CEO 理应给出更为细致明确的指令和要求，例如新产品的目标客户群体是谁、是争取高一点儿的平均售价还是大批量生产，是在目前已拥有的市场范围内对产品加以改进以满足消费者的需求，还是以一个全新的拳头产品打开新的市场，等等。然而，这家公司的全球 CEO 却坚持认为公司各大区的执行团队理应自行商议这些问题。这样做一方面是为了提升各大区对所在区域的市场洞察力，另一方面，也是更为重要的一点，是为了推动区域之间的互动竞争，从而为公司整体注入创新的活力。

在这个案例中，美洲区总裁对执行团队的要求同样模糊不清：让我们直接把这个任务交给产品创新团队吧。这么做初看没有什么问题，说明总裁相信自己的手下会做好他们的工作。这也是为什么最后整个任务的走向由研发团队主导，因为在会上雷斯的声音最响亮也最自信。

雷斯渴望做出一款众人期待的爆款产品，他对自己的项目充满激情。

他已经就如何研发出小而薄、薄而轻的产品琢磨了很长一段时间，问题是当他在向产品创新团队解说自己的梦想时，他是在兜售自己的想象，而非在展示一份清晰有力的产品规划图：他没有提及产品推出的时间规划，也没有说明其他所需的配套资源。

雷斯的第一个论点非常简单，那就是："我们行，我们搞得定！"但实际上，这依然是一个没有答案的开放性问题。所有与会者都想知道研发这款产品究竟需要多久，会不会有一些其他的项目因此延期或取消。

雷斯的第二个论点是："我们手头暂时没有一个可以拿得出手的能从研究阶段推向开发阶段的产品，那么为什么不试试我的呢？"这同样是一个没有答案的开放性问题。相信与会者中一定还有别的工程师和研发人员。雷斯的提议并不是"来，我们一起往前推进"，而是一再在讲："来，先不要管别人怎么讲，就推进我的。"事实上，根据指令，大家理应对不同的提议进行充分的比对和商议。

雷斯的第三个论点是："这款产品一定会大获成功！"但是按道理，他应该先咨询公司的销售、市场营销和财务部门，对未来这个产品有可能的上行的市场潜力做出预估。接着，他应该和负责工程、质量、制造、运输、售后服务和财务的部门进行讨论，预估出开发这款产品的投资成本和后续的销售成本，由此计算出潜在的盈利空间。

可惜，在这场新产品的研讨会上，大家将注意力都放在了来自公司高层的模糊不清的要求和雷斯的承诺上。尽管大家各抒己见，有来有往，但是整体上赞成者的热情和音量远高于反对者的谨慎和否定。

结果，大家为雷斯的创意能进入下个阶段而大开绿灯：“让我们围绕着雷斯的想法行动起来，看下一步会怎样。”

由于前期的调研既不充分也不严谨，后续便是一个毫无计划方案的“予以同意”。一路绿灯实际上引发出一连串的需求和问题，而每一个新的需求和问题都在消耗大家的时间、精力和金钱。事情的走向就这样被埋下了伏笔。从最初的“同意”到后续的绿灯也早已注定这款新品的上市会是一个艰难的过程。

由于大家将焦点放在了雷斯的提议上，没有人仔细考虑其他具有竞争性的想法，结果，产品创新团队的关注点从比对不同的研究提议被转移到和开发团队一起商讨某个想法进入实质开发阶段的问题。就这样，设计构想开始转变为需要实际操作的具体方案。这也就意味着将生产经理、采购人员和质保设计的专家一并拉入了讨论之中。

与此同时，营销和销售部门开始寻求对雷斯的新产品进行市场定位、推广和销售的方案。财务部门开始做产品开发预算并预估产品上市后的各项收益。售后部门开始考虑质保问题并着手制订退换货的细则。

紧接着，产品创新团队的每一次会议都成为为雷斯的项目能够继续推进、进入下一个阶段而签字画押的橡皮图章。雪球越滚越大。在每个阶段、每个环节，都有大量的新信息不断地涌入。这就意味着大家要东奔西跑，甚至改弦易辙，返工重来。各项延期接踵而至，预算和工期也是一改再改。在投入了大量的人力、物力、时间和金钱之后，再想叫停这个项目已不再可能。

大家解决了冒出来的各种问题，也对一些细节进行了微调，随后生产成本上扬，几乎在生产制造的每个环节都出现了延误。这个跨职能合作的产品创新团队每隔一周就开一次会，对各环节的工作进度进行监督、衡量和记录，同时排除故障、解决问题。这一切都是为了这款新产品最终能够顺利发布。

终于等到了新品上市的那一刻，只是它的推出时间比预期晚了两年，它不再是那个令人满怀期待的新产品和新设计了。与其他公司推出的新产品相比，它厚重笨拙、成本高昂。再考虑到巨大的保修和售后服务（包括运输）成本，它在市场上的存活时间大概只有两年。退市之后，这款产品犹如石沉大海，消失得无影无踪。

负责这款产品从研发到生产全过程的跨职能合作的产品创新团队即使在最后一次见面会上，各个成员，尤其是来自不同部门的合作者，都还在互相指责。实际上，这款产品从一开始就注定以失败收场。首先，来自公司最高层的全球 CEO 和美洲区总裁的要求都含混不清。其次，一系列决议没有经过仔细推敲就下达。在仓促草率的同意之后，大家开始陷入困局，即使后期有人提出异议也早已于事无补。（切记，说“no”的关键点就在于瞅准时机，即要在正确的时间点予以否决。）

从这个案例中我们可以看出，由于从一开始就缺乏必要的澄清和征询，项目团队以一种极其随意的方式同意了产品上马，结果带来了一系列灾难性的后果。尽管团队结构合乎规范，但是它的运作方式却十分草率和随意。因此，即使团队内部有定期有效的沟通机制也无法改写结局。

人为因素

这中间究竟发生了什么呢？为什么这些平日里训练有素的职场人在有关这个项目的大小决议上都没有仔细审核呢？这一切都要归咎为“人为因素”。简而言之，任何决定都离不开人。与大多数团队一样，这个项目的负责团队也是由多人组成，大家在工作的优先事项、工作议程、个人特质和自我意识上都大不相同。无论有多少决策和程序看上去披着各种数据支持、逻辑分析、事实归纳和理性思考的外衣，都请不要因此被蒙蔽而忽略了一个基本事实：人为因素一直存在。就以上这个案例来说，个人的一些特质及其眼中的优先事项是促使他赞成或反对的主要原因。

雷斯是一位富有创业精神的发明家。他对成功的定义取决于自己带领的研发团队是否能够研发出新的产品。他同时也是一个特别乐于取悦别人的人。

来自销售部的萨利纳只想让公司相信客户一定会买买买。毕竟，销售人员是根据销售额（销售量 × 平均售价）来计算收益的。

伊坦来自负责产品质量把控和确保生产合法合规的部门，所以他十分谨慎并努力想要规避风险。在他眼中，产品的好坏取决于产品生产过程中的差错率以及用户的投诉率。像伊坦这样的监管人员通常都有很强的操控性，他们要防止工程师和销售人员做出伤害消费者的行为，避免公司因此承担责任风险。

会计出身的利拉当然具有很强的分析能力，但她的关注点都在数字上。她要预估开发成本，计算销售成本，提出预算，并尽快看到投资回报。

的确，每一个利益相关者都会倾向于只看到那些与自己的观点一致、与自己的想法同步的数据。

在这种情况下，你能做什么呢?

对需求进行微调

跨职能合作的产品创新团队在开会讨论雷斯的产品构想时常会跑偏方向。在每一次转弯前，他们最需要做的其实是放慢脚步。他们理应停下来，甚至后退几步，仔细梳理那些有助于他们做出明智决定的细节。

从某一个角度来看，公司全球 CEO 给出的指令、美洲区总裁传达的命令和雷斯的高调提议都特别简单直接，即产品需要升级。可是在这层简单的外衣之下却暗藏着一个未经仔细分析和拆解的原始诉求。原始诉求的模糊不清导致了一连串马虎草率的小诉求，而每一个马虎草率的小诉求又引发了另一串马虎草率的小小诉求。可以说，从一开始大家对期望抵达的目的地就认识不清。

产品创新团队的成员不应被雷斯的提议带着走，尽管它听上去是在回应全公司对新产品的需求。产品创新团队的着重点应该始终围绕着全球 CEO 的指令展开。他们理应从区域总裁及其执行团队那里获得有关这项指令更多的规范要求，这将帮助他们与公司的高层在最大程度上保持步调一致。在设置好工作范围之后，他们理应逐个考察不同的提议，并将这些提议与雷斯的方案进行比对。在横向比较的过程中，雷斯的提议中原本缺失的很多细节便会一一显现。

遗憾的是，产品创新团队急于启动新项目，没有认真地进行前期调研，结果一路上跌跌撞撞，力图得到一个实际上至多勉强可以称为“还差点儿意思”的结果。正是因为他们从一开始就考虑不周，所以在通往新品上市的路上大家疑虑重重，修修补补。一旦事与愿违，回想起来，他们会发现几乎每一步都行错踏错。

如果改变工作方式，那又会怎样？如果在接到全球 CEO 的指令后，美洲区总裁先有所思考并对指令加以微调呢？比如，他可以问：“新的要求是否意味着爆款新品必须在今年推出，还是说只是希望公司能持续稳定地盈利，并在此基础上积极研发新的拳头产品？”

同样，如果产品创新团队能一开始让区域总裁暂缓行动，进一步询问：“开发的新品必须在今年年底推出吗？”对此，团队可能会得出结论：

> “不行，这不可能。”
>
> “不行，这完全没机会。”
>
> “不行，这不是个好主意…… 因为它会消耗资源，让我们没有机会做一些目前对我们来说非常有价值的事，比如更新现有的产品等。”

或者，他们最起码应该说：

> “稍等，我们在行动之前还是应该进一步搞清楚要求究竟是什么，充分了解这项指令的范围和边界。”

或者，整个产品创新团队应该在雷斯提出自己的想法后先停下来加以审核。我们不应忘记负责质检的伊坦和负责财务的利拉的确试图让大家放慢速度，让大家听到他们拒绝的理由。可惜，如果不是因为他们俩对什么都爱说“no”的名声在外，大家有可能会认真对待他们的意见。

与其听伊坦和利拉一个劲儿地对什么都说“no”，产品创新团队的成员更乐意接纳雷斯的提议，用一连串错误的“yes”来解救眼前的危机

（却牺牲了未来）。产品创新团队原本应该做的是停下来仔细研究雷斯的提议：

> 首先，也是最重要的一步：“市场究竟需要什么？我们应该着眼于有可能或已被证实有市场需求的产品类型。”
>
> 其次：“在技术上，什么是可行的，而不只是可能的？我们如何从一开始就确保我们正在设计的产品是消费者负担得起且可以安全使用的高效产品？”
>
> 最后：“在最好的情况下，我们有可能售出多少，在什么时间范围内以什么样的成本销售给谁？”“供应链出现问题导致产品延误的可能性有多大？”“产品出现问题导致售后服务和退换成本上涨的可能性有多大？”

如果产品创新团队的成员能够放慢脚步一一解答以上问题，那么他们有可能发现一年之内推出畅销产品并不现实，两年之内才有可能；或者消费者真正想要的只是升级他们在业内已经领先的某款热销产品，而这个任务可以在一年之内很好地完成。

也许，公司的财务和销售主管会发现他们完全可以收购市场上已经存在的某款产品并吸纳它的研发者，就和两年前吸纳雷斯及其团队的过程一样。这些选项有可能会产生更好的效果，它们同时也都完全符合公司的全球 CEO 及美洲区总裁提出的要求。

“询问”是你在过度承诺前，甚或是在错误承诺前，花时间进行的深入调研。在工作中，大家彼此之间最多的互动其实是互相提问。那么，面对询问，不论是我们问别人还是别人问我们，为什么都会出现欠缺考虑的草率应对呢?

草率地提出要求会带来严重的后果。有时，你提出的要求会被误解：被夸大、被缩小，或是将大家引导至一个错误的方向。有时，大家也会对某个要求置若罔闻，就好像它凭空消失了。

有时，人们会选择忽略问题：“如果我忽略它，是不是它就会自动消失?”我将这种现象称为“幽灵般的消隐”。当一个人不想处理某个人提出的请求或不想正面拒绝某人时，通常就会发生这种情况。这种做法既不礼貌，也缺乏基本的尊重。对别人的请求置之不理会让人感觉你反应非常迟钝，在一个高度协同合作的职场环境中，给人这样的印象实在不是一件好事。所以，千万不要选择做个“幽灵”。

如何听取和处理请求

如果你想拥有更多的决策权，那么你最好为自己赢得一个“会第一时间回应他人请求”的好名声。听取他人的请求并有所行动，并不意味着你要有求必应，而是说你要迅速回应，并以一种负责任的态度予以考虑。

当收到他人的请求时，请从建立真实影响力的角度进行思考。每一个请求都是你为他人服务、让自己对他人而言更有价值的机会，因为有人正试图通过你来满足某种需求。即使你无法做到，你的及时回应也是建立人际互动的第一步。

养成聆听的好习惯并将接收到的请求具体化。你应该如何做呢?

- 如果你是提出请求的一方，那么请你尽可能详细地说明问题。提供一份简单的提案，将问题具体化。
- 如果你是收到请求的一方，那么你需要帮助他人将问题具体化。多提问题并做好笔记，以备忘录的方式帮助对方深入细化他们的请求。

无论你处于哪一方，你都可以将请求或多或少地转化为一份提案。所谓提案就是一个条理清晰的请求。

提案的三要素是:

- 可交付的提议成果。
- 具体操作步骤。
- 每个步骤的指导方针、具体参数、工作程序、时间期限、负责人和潜在成本。

提案的关键在于准确诚实地阐明各个方面的问题，譬如利弊、成本与收益等。有时，某个请求不过是个小任务，但也请务必明确真正的需求和你能提供的帮助。

然而，问题就在于大部分请求都不会以这种清晰明确的方式提出来。

不仅如此，还有一些提出请求的人，当你建议他们将问题细化、写成提案时，会把你当成疯子或是故意来搅局的，觉得你在有意制造一系列毫无意义的繁文缛节。他们的想法也不是全无道理。

因此，请养成做备忘录的习惯。备忘录有助于我们将每一个请求转化为一个非常简短的提案。针对请求提出一些好问题，进而由内而外地优化提案。

备忘录是专业人士帮助自己捕捉和记录潜在客户提出的需求细节而创建的一份参考性文件。想象一下，假设你为每一名请求者都创建了一份备忘录，这份记录双方都认可，那么无论你是同意还是拒绝，对方对你做出的判断和承诺都必将心悦诚服。

每一个请求，无论大小，都理应有一份备忘录。有时你会在随手拿起的一枚信封的背面或在手背上暂时记录，有时你会在随身携带的笔记本上写写画画。或许，你已经开始使用便携式电脑以便能随时随地记录他人的请求。倘若如此，坚持下去。

你要在备忘录中收集各种所需信息，这是你尽职展开前期调查的第一步：

1. 跟踪项目进展的具体日期和时段是什么？
2. 谁提出的请求？
3. 需要交付的究竟是什么？
4. 交付的日期是哪一天？
5. 规格规范是什么？
6. 需要哪些资源？
7. 权力结构什么样？究竟是谁在要求、谁在授权？是否已获批准？如果是，批准人是谁？
8. 有可能的收益是什么？隐藏的成本是什么？潜在的反对声音是什么？有可能会冒犯到谁？

请求所涉及的问题越多、越复杂，你需要收集的信息就越多、越详细。然而很多时候，当我们开始探究细节，一些原本看上去很小的问题也会逐渐变大。所以要养成面对每一个请求，无论大小，都仔细做好备忘录的好习惯。最后，请将你的记录与请求方仔细核对，以确保你们双方的理解完全同步。

正确的"No"是恰逢其时、有理有据的

你可能听很多人说过:"为了对抗过度承诺综合征,你必须学会如何说'no'。"但是,如果有人和你说只要你包装粉饰自己的"no",别人就会易于接受,你可千万不要对这个愚蠢的说法信以为真。**有礼貌地拒绝是必要的,但是,请切记:只有当周围的人都知道你总是在合适的时间以适当的理由拒绝他人时,大家才会心悦诚服地接纳你的"no"。**

在合适的时间说"no"对每个人都有好处,因为它会大大节省大家的时间和精力,尤其是如果事后证明最初的"yes"全然是个错误,人们通常会对此牢记在心。(参见第121页"正确使用'yes''no''not yet'"。)

没有什么可以和一个适时的"no"相提并论。每一次拒绝都意味着一次机会成本,它为其他有可能的"yes"留出了空间。换句话说,停止或延后某件事让其他的可能性有了发展的机会。

但是,大多数人都没有认识到拒绝的关键点就在于时机恰当和有理有据。人们草率回绝他人请求的方式有很多种,问问那些经常找里克的人就知道了。

里克在一家公司的技术服务部工作,公司上下很多人都因为他技术过硬而愿意找他解决问题。可是,他逐渐养成了一个不好的习惯:对自己想做的事、喜欢的人有求必应,对自己不想做的事、不喜欢的人全部拒绝。

这让里克觉得自己大权在握。

后来，里克的上级知道后很不高兴，于是在技术服务部引入了一套决策程序，即所有找里克的事首先由上级自己和程序先行筛选。同时，由于里克以往的各种决定，尤其是他不负责任的一口回绝，他原本拥有的专业地位和个人权限都大为缩水。

造成一个人草率回绝的原因有很多种。有时是出于个人喜好，比如像里克这样；有时是驳回一个看上去无足轻重的人；有时是因为前期同意的次数太多，这次实在是没法再答应。

当人们草率回绝时，对方也许不得不接受被否决的结果，但那一刻的感觉非常不好。尽管一个人说"no"完全可能是由于深陷过度承诺综合征，但一味回绝会让他丧失诸多可以自我增值、拓展人际关系和建立真实影响力的机会。

面对一个听起来不错但还不够完善的提议时，你应该说："还差点儿意思……回去再好好改进改进。"如果你一口回绝，那就太马虎太草率了。即使是方式最糟糕的拒绝至少也不会让大家在错误的方向上浪费时间、精力和资源，尽管如此，遇事不作为会让你与他人毫无互动，你也会因此丧失做出正确决定的机会。

时机恰当、有理有据的"no"才是好的拒绝方式。

何时说"No"

在职场上，说"no"是一种防止你和同事的时间、精力、金钱及其他资源被白白浪费的方式。说"no"让你和他人免于做出错误的承诺，避免投入资源去完成不可能完成的工作、因为违反规则而不被允许的工作，或者总体来说不应该开展的工作，比如因为想法不够好或并非接下来的主要工作等。

我将这样一些原因称为说"no"的门槛。"门槛"一词借用的是项目管理过程中的一个概念，即每一个项目在划分为不同阶段之后，在每一个阶段都必然会有一个审核流程，就好像在每一个阶段都会有一扇门，大家以审核的方式检视阶段性的成果是否达到要求，以此确定这个项目是否能够跨进下一阶段的门槛。

说"No"的门槛

不论是给出还是接受肯定的答案，你都必须跨过一道道"no"的门槛才能进入"yes"的领地：

- 我不能做，因为没有相应的技能、知识、时间、精力或资源。
- 我不能做，因为程序、规则、准则或法规禁止这样做。
- 我不应该做，因为此事任务艰巨，我们需要分析成功的可能性、潜在的投资回报等，做出一份真正的商业决策；或者因为接下来有其他的优先事项，所以我不应该做。

“不应该做”的门槛往往会有些不清楚，至少一开始不清楚，这也是为什么遇到这种情况我们最好说“也许”或“还不行”。你可以让提问者再好好地思考梳理，提出一个更详细、更具说服力的提案。你可以提出一些希望对方回答的具体问题，也可以表达一些明确的反对意见。

作为收到请求的一方，如果你给出的答案是“no”，那就意味着接下来的进展与你无关了。如果答案是“not yet”，而对方的需求又比较急迫，你也不想让这件事终结你们的合作关系，那你可以怎么做呢？

- 如果你真心觉得这个想法不好，你可以尝试说服对方放弃或改变计划。你这样做说不定是帮了对方一个大忙。如果一直以来你善于做出正确判断的名声在外，那么你影响最终决定的可能性就更大。
- 如果你觉得这个想法还不错，但并不适合你来做，那么你可以帮助对方联系其他的职场达人。这将是你建立自己的后援体系、连接其他职场达人从而拓展人脉资源的好机会。你为他们双方牵线搭桥，让他们彼此获益。

无论是哪种情况，都不要错失有可能互惠互利的各种机会。请确保你了解他们的工作，他们也清楚你的工作。

正确的“Yes”是经过层层审核审慎做出的

每一次正确地说“no”都在为一个更好的“yes”留出空间。

“yes”是一种正面的回应，一个好消息，是达成协议的标志。“yes”是协同合作的开始，也预示着工作关系的建立。**“yes”意味着一个经过深思熟虑的提议通过了层层审核，终于成功迈过了一道道“no”的门槛，开启了大家一起努力向前的新征程。**

然而，很多时候，一句“行，当然可以”却说得非常随意。大家并没有对提出的请求仔细核查便漫不经心地来了一句“当然行，没问题”。有时，让对方感觉你“同意”的信号其实来自你的无所作为，比如在某些特定情况下，你长时间地忽略了某个请求，或是没能及时停止某项工作。有时，同意甚至是一种武器，例如，某个人说“yes”是为了制造假装合作的局面，但这么做，其实切断了对方试图说服别人的努力。假装同意必然会使提出请求的一方依赖于一个虚假的承诺，这实际上是一种欺瞒。

有时，请求本身的不明确让所谓的“yes”更说不清楚了。有时，“yes”只是为了暂时地取悦或避免冲突。有时，“yes”是在一连串乏善可陈或是糟糕的“no”之后给出的，让人感觉似乎是排队排到了一个“yes”，换句话说，同意来得毫无道理。

THE ART OF BEING INDISPENSABLE AT WORK

正确使用“Yes”“No”“Not yet”

在正确的时间以正确的理由说“no”永远都是一份难得的礼物。说“no”的时候要条理清晰：抱歉——

“我个人暂时做不到是因为我不具备必要的__________（经验、技能、知识、时间、工具等）。我想为你介绍另外一位职场达人。”

“我没法这么做，是因为它违反了__________（法律、规则、程序或是上级的命令），请允许我为你介绍一位对此更了解的职场达人。”

“我不能这么做，至少目前不行，因为__________（我目前有更重要的事要完成、这个想法还有所欠缺、这个提议还不够明确等），我可以给你介绍另外一位职场达人，或者我们稍晚的时候，比如某天某个时间，再来讨论这个话题。”

记住，你永远可以以正面回应的方式来委婉地拒绝：

“给我两天（两周、两个月、两年）的时间，我会做这项工作。”

有时，你给出的答案可以是“not yet”，以及：“为了更好地了解你的需求，我能否问你一些问题？”

或者：

“就这件事来说，你为什么会觉得我合适，能够按时按点合乎规则地完成呢？要不要我帮你找到那个可以真正满足你需求的人？”

当你说“yes”的时候，请在合作的一开始就说清楚，讲明白“好的，可以”，以及：

“我能够怎么帮你，你可以为我提供什么？我做什么、怎么做，需要向你提供什么样的信息？”

或者：

“在某一天或某个时间之前我会做好某件事，届时你也做好你负责的那一部分。我们在周四下班前沟通15分钟，核对一下双方的进展，你觉得怎么样？”

贸然同意的负面效应

人们在贸然同意后往往会掉入过度承诺的陷阱。但是，贸然同意所带来的后果远不只是过度承诺综合征，还包括让一个人丧失了其他可以说“yes”的更好的机会。因此，一次贸然同意所付出的机会成本是翻倍的。除了会搭上自己的时间，也会搭上其他的资源和别人的时间（如果你是管理者，那搭上的就是你团队成员的时间）。也许一段时间之后，你会突然意识到自己之前不应该表示同意，但此时你可能已经为之浪费了大量的时间、精力和金钱，并引发了一些不得不解决的问题。

贸然同意会让你饱受不断出错、任务延期、资源浪费、返工重来的折磨，更不要说还会出现工作范围及工作角色蔓延的问题了。如果某个想法听上去还不错，但尚不成熟也不清晰，那么未经认真考虑的贸然同意必然会带来负面后果。

但是，如果你是基于手头掌握的所有信息做出了同意的决定，那只能说计划不周。这就好比一辆载满人的车朝着一个错误的方向一路飞驰，结果必然是浪费时间、消耗汽油和磨损车辆。有时还会爆胎或发生事故，一车人最后只能原路折返，但最初设置的目的地却无论如何仍要抵达。

另外，贸然同意大都会闹得尽人皆知，让你“声名远扬”。最终你可能会因为无法兑现承诺而推卸责任，指责他人，但这么做不仅会破坏你的人际关系，更有损你的声誉。所以，贸然同意绝非一个人建立真实影响力的方法。（参见第 125 页“贸然说‘yes’的 3 类人”。）

为成功做好准备

请记得每一次正确地说“no”都是为了有机会说“yes”——对协同合作说“yes”，对增加价值和建立人脉资源说“yes”。

每一次说“yes”都意味着有一个可以集中执行的计划，而可执行的计划是获取成功的关键。

有一些“yes”是简短且令人愉快的。即便如此，它们也需要一个相应的计划。同意即承诺。每一份承诺都值得被认真对待，用相应的计划和具体的执行来兑现。

如果你针对他人的请求进行了前期调查，做了备忘录，依照提案的要素将请求细化，认真考虑过要如何跨过一道道“no”的门槛，包括对投资回报率的分析，那么可以说当你说“yes”时你完全清楚自己在承诺什么。当然，如果你还不习惯和某个请求者一起工作——例如对方并非你熟悉的常见客户——那么你需要确定大量的细节，以便日后能合作顺利。不要以想当然的态度对待细节，否则你会接收到一个又一个的“小惊喜（吓）”。

一句“yes”就是要用具体的行动来践行你的承诺，尤其是在某个既定范围之内交付某项成果。如何将口头承诺转变为一个可执行的具体计划呢？换句话说，为了实现双方合作，我们需要确立哪些基本的规则？双方的沟通频率是什么？什么时间在哪儿以什么方式进行沟通？任务如何安排？谁来负责哪一部分工作？为什么如此安排？什么时间在哪儿以何种方式来做？答案就是：多问问题。“你能帮我搞清楚我如何才能帮到你吗？”双方还需要就工作步骤、时间期限和具体的负责人等达成一致。

每一次沟通交流都需要明确接下来由谁负责跟进后续的哪些步骤，同时敲定下一次沟通交流的具体时间。**交流的核心永远都是接下来的安排和步骤，提前计划是成功执行的关键。**为你的工作做好计划，你才能依照计划落实工作。

THE ART OF BEING INDISPENSABLE AT WORK

贸然说“Yes”的 3 类人

时刻留意那些会贸然说“yes”的员工，不要让自己成为他们中的一员。

纠缠者类型

在本书的法则 1 中我们曾谈及纠缠型员工。他们的出发点往往很好，但过于纠结细节，总想占用你的时间让你关注他的情况，就好像他们在孤军奋战，所以需要你一路陪伴。他们给别人的感觉往往是一个在随时待命的小帮手——一个跟班或正在寻求搭档的人。纠缠型员工会希望两个人一起做一件事，明明有两双手却要持同一把锤子。他们会占用你很多时间，而且让你难以摆脱。

慷慨的傻瓜

慷慨的傻瓜是指那些心地善良、拼命想为他人服务却并不太能做好工作的人。他们虽然对你提出的请求满口答应，但实际上根本做不到或是没法做。他们同样会占用你很多时间，让你误以为自己的需求正在被满足，但最终只会让你大失所望。慷慨的傻瓜自以为在满足你的需求，直到最后交付时，你才发现他们所做的根本不符合你的要求。在这个过程中，你已错过了将这件事交给其他合适人选的机会。因此，你可以善待慷慨的傻瓜，却千万不要与他们合作。在职场上，你可以很慷慨，但不能做傻瓜。

过度承诺者

过度承诺者有时看上去就和慷慨的傻瓜一样，因为他们都想帮助别人，让别人高兴。但是，过度承诺者最喜欢的就是给出承诺的那一瞬间，就好像一个大人晚餐时间给了一个孩子一块棉花糖。过度承诺者往往不会进行尽职的前期调查便直接答应你的请求。但事后不久，他们便会连同周围的人一起为此付出巨大的代价。有时，过度承诺者就是说大话的吹牛老手。他们喜欢在会上或是面对上级、客户或其他大人物时夸夸其谈。有时，过度承诺者就是个淘气鬼，一心想要成为帮手、盖世英雄，或仅仅是为了试一试冒险的乐趣。但是，他们往往也会在最后一刻改变主意，临阵脱逃。

如果你有过度承诺的倾向，切记一时之快瞬间就会被过度承诺的负面影响彻底淹没。你会无法按期交付成果，出现延迟和各种失误，最后让你与他人的关系大受损害。

想象一下，如果你与合作伙伴从一开始就有意识地对如何分配时间和精力达成共识，那会是怎样的一番景象！每说一句“yes”都必然意味着后续会有大量的各种工作。所以，接下来的法则 4 和法则 5 都是围绕着具体的执行展开的。

职场达人的 TIPS

THE ART OF BEING INDISPENSABLE AT WORK

- 认真对待他人的请求，尽职做好前期调查。
- 尽早做出正确的选择。做出正确的选择会让大家省时省力，也让他人对你未来的选择更有信心。
- 以备忘录的方式记录每一项请求。提出好问题，由内向外地优化提案。针对接收到的请求，尝试提出一系列的好问题。
- 学习如何说“no”(或“not yet”)，即说“no”的门槛。比如，我不能做，因为没有相应的技能、知识、时间、精力或资源；我不能做，因为程序、规则、准则或法规禁止这样做；我不应该做，因为总体来说，这个想法不太好，或者接下来我还有其他的优先事项。这种情况下，你也可以说“not yet”。
- 学习如何说“yes”。每一句“yes”都意味着一个可执行的详细计划。建立共同工作的基本准则、沟通频率，明确工作步骤、时间期限和每一步的负责人。

THE ART OF BEING INDISPENSABLE AT WORK

法则 4

不仅要努力工作，更要专业地工作

THE ART OF
BEING INDISPENSABLE
AT WORK

在专项领域
所投入的每一分钟
都会让你
更快、更好、更有价值地
完成工作。

佩特拉和米歇尔同在一家航空公司的供应链管理部门工作。一天，佩特拉吃完午饭回来无意中听到米歇尔在电话上说："好的，没问题，我会处理好这件事。"可就在挂上电话的那一刻，米歇尔又大声地自言自语："这压根儿就不是我的事！"

米歇尔一边抱怨一边眼带恳求地看了一眼佩特拉，说："我已经够努力了，真是没时间再帮他们做这些了！哦，佩特拉，真不知道你是怎么做到的！"

佩特拉是这个部门里的一位职场达人。她总是比采购团队里的任何人都能更好、更快地完成更多的工作。除此之外，她还总能抽出时间指导和培训其他经验不足的同事。

佩特拉微微一笑，回答道："嗯，你也可以的。"

"天啊！"米歇尔简直不敢相信自己的耳朵，"怎么可能，我已经够努力了，不可能比现在更努力了。"

佩特拉若有所思地看了看米歇尔，说："这就是问题，米歇尔，工作不只是要努力，还得有方法。"

工作要有方法

无论你是多么善于制订计划，能为自己说出的每一句"yes"保驾护航直至大功告成，你都需要清楚地知道这些"yes"意味着你在不断地增加自己的工作量。

如果你和米歇尔一样，只是埋头努力工作，你不可能成长为一名职场达人。你很有可能会陷入过度承诺、心生厌倦甚至怨恨的困境之中。因此，我们有必要学习如何才能专业地工作。

首先，工作专业化。无论你具体做什么，都请确保你可以出色地完成。有一些组织机构会提供及时有效的专业培训、良好的工作体系和辅助工具来帮助自己的员工完成每一项任务、担负的职责和参与的项目。如果你的工作场所欠缺这样的支持，请想办法尽可能地自己创造条件。

其次，业务专长化。专攻自己最擅长的事。换言之，尽可能地将自己的时间和精力投入能够出色完成的事情上。“那可不是我的工作”虽然听上去不大好听，却隐含着某种耐人寻味的智慧。你要清楚地知道自己的专长所在。在专长领域投入越多，你的收获也就越多。你在专长领域多花的每一分钟必然比你在其他不擅长的领域多花的每一分钟更有价值。

最后，专长扩大化。让自己学着去做那些你认为不属于你的工作。一如佩特拉建议米歇尔的那样，一个人的专长不能过于狭隘，以免自我设限，自己将自己关进鸽子笼。所以，请留心扩大自己的专长领域或范围。

以上三项彼此呼应，请将其作为一个整体来看。

工作专业化

有一些组织机构为了员工能够完成某项任务、承担某种职责或是参与某个项目，会提供及时有效的专业培训、良好的工作体系和辅助工具的支持。这是一个非常好的现象。可是，如果在你的工作范围内缺乏这一类的资源支持，千万不要觉得自己可以边做边琢磨。相反，你要从一开始就非常自主地、有针对性地创造条件。

米歇尔几乎是一头扎进了采购部。当时整个公司的供应链，从供应商到公司的研发部门再到工程、生产等各个环节都有大量的积压工作，采购部几乎每天都会收到新的采买任务。所以，除了一个简要的岗位介绍，米歇尔并没有接受过正式的岗位培训，也没有接收过完整的工作指南、工作模板或工作清单。她接替的那个人倒是有一套自己的工作“系统”，但似乎又谈不上是个系统。米歇尔最初还想通过翻阅他之前的电子邮件和工作产品来自行建立一个岗位体系，但后来发现真正可用的资料并不多。这其实也是这家公司聘请她取代对方的原因。

和组里的其他人一样，米歇尔最早被安排跟着一位有经验的同事罗伯托学习。就这样，她拉了把椅子在罗伯托身旁坐了一周左右。她看罗伯托每天基本上使用两个电脑系统：一个用于管理来自公司内部各部门的购买清单，诸如各种零件、用品、工具和服务等；一个用于管理公司外部的供应商，以便选择合适的供应商提交采购订单。米歇尔跟着罗伯托学会了如何操作这两个电脑系统，但她发现几乎每笔交易的流程都不一样。有的需要的信息少，有的比较多；有的非常简单，有的则需要额外的步骤，比如获准同意或是参与竞标、进货质检、特殊运输等。

每当米歇尔问罗伯托：“这是为什么呢？”他总会回答：“嗯，这个人的订单就是得这么做。”后来，罗伯托告诉她：“每一个供应商和每一个内部客户都不一样，个个都是个例。这也是这个工作看上去很简单做起来又很复杂的原因，你得慢慢适应。”

米歇尔努力适应并想要跟上工作节奏。不久，佩特拉加入了采购小组，她的到来简直就像是上天派来了天使！佩特拉之前在另外一家更大的航空公司从事供应链的管理工作，她接受过非常完整的职业培训，充分了解如何使用工作系统和辅助工具。她对于如何将有关内部客户和外部供应商的各种需求和特质存档有着丰富的实践经验。事实证明，她在新旧两家公司遇到的供应商大多是重合的。

佩特拉特别善于以电话和书面问卷的方式与每一位内部客户和外部供应商进行沟通。她会根据自己的沟通所得为每一位客户和供应商创建工作流程图、工作指南和订购模板。她会教内部客户和外部供应商学习如何使用她所创建的工作模板。

佩特拉的模板让每一次交易完成得既快又好，因此大受欢迎。举例来说，如果佩特拉需要和一名供应商联系获得对方的报价，或是与负责运输和接货的某个人联系，她都可以借助自己的手头工具使得交易的每一步都相当清晰透明，即使她处理的工作远不只是接收订购申请和下订单那么简单。

佩特拉开始一步步地帮助米歇尔，和她无私分享自己的工作流程图、工作指南、订购模板以及宝贵经验。很快，其他人也留意到了佩特拉的工作方式，也开始使用她创建的各种辅助工具。就连最初带米歇尔的罗伯托也开始在工作中使用佩特拉的方法。他惊喜地感叹道，真希望自己一开始工作时就有如此好用的辅助工具。

这就是工作专业化的力量。

任何一项任务要想做到专业化处理，你都需要做到以下三点：

- 识别、研究并遵循你所在的工作领域和组织机构中已被验证的最佳实践经验，并将它们转化为一套标准的操作程序。
- 面对那些在日常标准操作程序中反复出现的问题，不要每次总想着另起炉灶，而是要参照并不断使用已被验证过的可重复的解决方案。
- 尽可能使用你能找到的所有辅助工具，包括工作指南、工作清单、工作模板和以往的工作产品等。它们将帮助你系统性地依照以往累积的最佳实践方案和被反复验证过的解决方案推进工作。一旦掌握了这些基本知识，你也可以开始尝试建立自己的辅助工具。

最佳的实践经验

我们可以用多种不同的方式来处理某项任务。那么，哪一种是最好的呢？这里的“好”是指处理速度最快、质量最好、性价比最高、看上去最漂亮，还是其他的什么？

先想一想你也许做得还不错的某件事，例如打棒球、粉刷房子、算账、搬箱子。在打棒球时，我相信肯定有很多种方法来接地滚球。但是，要接到一记漂亮的地滚球，那一定是双膝弯曲，一只手戴着棒球手套朝着地滚球前进的路径张开，而另一只手在后面予以支撑。粉刷房子也是如此，最好的做法一定是先刮平再填缝，接着上底漆，再正式涂一两层漆，最后使用滚筒或毛刷抹平。记账和搬运箱子也一样。做事的方式多种多样，但最好了解什么是最佳的实践经验。

最佳的实践经验是指到目前为止完成某项工作最有效也最高效的方法。它有时显而易见，有时不易发觉，有时只掌握在某个人或某小群人手中。很多时候，大家总想着自己琢磨，却没有留意到身边已经有人掌握了最好的方法，更没有想到把最好的方法编辑成册，成为大家都可以遵循的标准操作流程、工作清单或工作指南。

可重复使用的解决方案

米歇尔在开始使用佩特拉的工作模板后发现自己经常会遇到几个同样的问题。每当她和其他同事聊起这些时，她总能听到“那你怎么处理的”“我是这么做的”“你的方法更好”或者“我试了，没用”之类的话。米歇尔惊讶地发现原来很多解决方案和提升工作系统的机会就隐藏在最显眼的地方。

举例来说，不同的人面对经常出现的问题会从不同的角度进行解答。米歇尔和佩特拉因此为采购部做了一份“常见问题解答”清单，其中列举了大量可重复使用的解决方案。它自然成为采购部所有工作人员的好帮手。有一位供应商总是遇到运输难题，于是米歇尔和佩特拉使用信用卡支付了联邦快递或联合包裹运送服务公司（UPS）的服务费用，为那位供应商提供了专门的运输服务。米歇尔当然会有选择性地采用这种方式，她很高兴以后再遇到棘手的运输难题时，再也不会无计可施了。

辅助工具

在工作专业化的过程中，创建和使用辅助工具也许是最难的部分。工作清单、工作指南和工作模板会帮助你系统性地遵循最佳的实践经验和使用可重复的解决方案来处理日常工作。

除了能帮助你快速、准确地完成工作任务之外，辅助工具更能帮助你在工作方式上与上级保持一致。以佩特拉为例，她为每一位客户量身定制的订购模板可以帮助客户自主学习，借由清晰透明的流程明确预期。也许更重要的是，辅助工具可以帮助你培训新的职场达人，使他成为你的帮手或接班人。随着他们成长为新一代的专业人士，整个人事互动将会形成一个良性的循环。

要如何创建辅助工具呢？当你每一次对某项任务或职责进行微调时，请及时捕捉并记录下你的新想法和改进后的实际操作经验。每当你对以往标准的操作程序进行更新时，请尝试创建工作清单（分步指南）或任何对你及其他使用者而言都更易理解和使用的辅助工具。（参见第 142 页“创建辅助工具的 6 个方法”。）

我常常会遇到业绩优秀的员工在创建辅助工具后不大乐意与同事分享的情况，这让我有些吃惊。我每次都会和他们说：“要分享啊！”在处理重要的任务或是担负重要的职责时，提供最充分的信息是你成长为职场达人的好途径。

一般而言，发展成熟的组织机构往往会基于以往的最佳实践经验为员工提供可以处理多项任务、职责和项目的标准操作流程。这也是组织机构能够发展至一定规模的原因。试想一下，如果你经营着一家连锁餐厅，却连最基本的有关餐厅布局、菜单设置、人员配置和市场推广都没有一套标准的操作模式，那会是一种什么样的情形？如果选择加入连锁店的老板够聪明，他一定会在诸如工作指南、工作清单、工作模板和工作脚本等辅助工具中找到自己的工作步骤。

如果你所在的组织机构提供了行之有效的标准操作流程和相应的辅助工具，请完整掌握。同时，你要留意那些在具体工作中尚未标准化的细节。这意味着你手头没有相应的工作指南、工作模板或先前的工作产品进行参考。

我见过餐厅的服务员为了提升自身对餐厅运营的参与度并提高服务质量而专门记录心得，以此提升当天的特色菜、高价葡萄酒和甜点的销售量；我见过建筑工程质检员拿着同一份质检清单查看不同规模、不同外形的建筑物有可能出现的各种质量问题；我见过软件工程师以覆盖原来程序代码的方式编写新的程序包；我见过监管事务经理将早先的文件修改为新的准则；我见过从事营销的专业人士从上一个广告中获得了下一个广告的灵感。

辅助工具是一份可以持续不断地帮助你、你的同事及客户的大礼包。辅助工具防止你业务生疏。辅助工具会帮助你尽快完成你不经常处理或有段时间未处理的工作。如果你定期处理某个任务、担任某项职责或者参与某个项目，那么有必要深入总结每一次的经验教训。不要将先前的经验抛诸脑后，也不要原封不动地再来一遍。工作指南、工作清单和工作产品等辅助工具将有助于你高效地处理同类问题，请积极寻求、创建和使用各种辅助工具，以防业务生疏。

辅助工具防止你丧失工作自主性。大部分工作都是周而复始的，我们通常会一天一次或多次地重复处理同样的事情。步步核实的工作清单会防止你迷迷糊糊、死记硬背或缺乏自主性地工作。

当你习以为常、心不在焉时，就会出现工作失误、质量下滑或错失良机的问题。有时，你自以为能一心多用，同时处理好几项任务或同时肩负好几个职责。然而，你很快就发现自己的出错率开始飙升。这时，你理应放慢速度，拿出工作指南和工作清单，跟着指示一步一个脚印地往前走。也就是说，辅助工具会帮助你集中心力且保质保量地完成任务，使你重返一丝不苟、高效工作的状态。切记不要让自己丧失工作的自主性。

然而，工作清单和其他的辅助工具也是一把双刃剑，有时不仅不能防止你丧失工作自主性，反而会使你陷入迷迷糊糊、心不在焉的状态，尤其是在日常反复使用的过程中。辅助工具可能在一段时间之后不再是帮助你专心致志的利器，反而成为你视而不见的张贴画。

倘若如此，你应该即刻寻求改变。比如，你可以简单地将工作清单上的内容重新调整，改变操作顺序，或将现有的每一步指示再具体细化，细分出更详细的步骤说明，以此让你和其他同事能够在具体的工作过程中驻足思考。如果某个工作清单开始让你不假思索地照单全收，那就是到了必须做出调整的时刻。

辅助工具有助于你培养新的职场达人。分享你的辅助工具（即对最佳实践经验和重复使用的解决方案的详细说明）将有助于提高他人对你的信赖，提升他人的工作能力，让他人积极地寻求同你的合作。

这也是你帮助他人成长为职场达人的一种方法。如果担心自己会过度承诺，那么你可以将某些工作请求交由他人来做。由于他们业已掌握你提供的辅助工具，了解了以往的产品样例，那么你大可放心地把任务交到他们的手上。这些辅助工具反过来也将大大提升他们的工作效率，使他们成为你的后援者或接班人。这也是当你可能过度承诺或无暇接手时，能够为自己的内部客户提供的正面帮助，更是你为其他有望成为职场达人的同事提供的自我增值的发展机会。

辅助工具有助于你培训跨职能、跨部门的合作者。你创建的工作指南和工作清单会让你的合作者清楚地了解你的工作模式。他们也因此更加了解要如何同你一起工作。

当你与来自其他团队、职能部门或科室的内部客户一起工作时，他们往往对你的工作有认知盲区，并不了解你的工作范围以及如何才能与你高效地共事。他们有时可能会想："你为什么要问这些问题呢?""什么事需要花这么长的时间呢?"如果你的合作者不能理解你或你的团队在某件事上所花费的时间和精力，那么他们一定会心生无奈或其他不良情绪。

因此，你需要通过辅助工具让你的合作伙伴与你保持步调一致，让对方完全了解你为了满足他们的需求所付出的努力。对方越是了解你，就越会愿意与你合作，你们双方才能适时调整，以最快的速度获取最佳的劳动成果，整个合作过程也必将更加顺利。

THE ART OF BEING INDISPENSABLE AT WORK

创建辅助工具的 6 个方法

以下是创建辅助工具的方法：

1. 根据工作记忆或其他资源写出工作任务的分步说明。将任务拆分为具体的步骤，将步骤细化为一系列具体的行动，作为工作指南。

2. 根据工作指南缓慢慎重地处理工作任务，并在具体执行的过程中对工作指南进行修正和补充。

3. 再次在缓慢慎重的工作过程中对工作指南进行修

正和补充，尽可能地为每一步以及各步骤之间增添你能想到的细节。

4. 将最新版本的工作指南转化为工作清单。

5. 请同事依照你新建的工作清单开展工作，查看其是否清晰明确、富有成效。为进一步的修正听取使用者的意见和建议。

6. 在工作中善用创建的工作清单，并时时留意加以改进。每完成一个步骤，请记得在清单上核对确认，并在空白处加以说明。这才是正确使用工作清单的方式。

对工作产品也是如此。每获得一个具体的工作产品，请将它放入工作产品库中，以便你和其他人以后可以再次使用。

如果他人能够理解和使用你创建的辅助工具和工作产品，那么即使你的个人记忆在一段时间后变得模糊，你仍可以借助它们再次快速地上手。捕捉和记录自己的工作经验不仅有利于你开展工作，更有助于你帮助他人了解和理解你的工作。

业务专长化

专注于你最擅长的工作。一旦工作专业化之后，请在自己擅长的领域或范围内细微调整，专心发展。有朝一日当你说“这不是我的长项”时，它会是一个很好的拒绝理由。这句话可比“这不是我的工作”听上去让人舒服多了。这也是专业地工作的一部分。

让我们再回头看看米歇尔的经历。她首先跟着佩特拉简化了工作流程，继而将可重复使用的解决方案整理为专门的文件，接着创建和使用了各种辅助工具。在工作逐步专业化之后，米歇尔开始思考什么是自己能够胜任的，而什么又是自己擅长的。

米歇尔选择从处理一些供应商的业务开始。由于这些供应商提供的零部件技术含量高，所以订购流程复杂，文书准备工作繁杂。通过处理与之相关的采买业务，米歇尔很快就成为能够为公司里处于创新前沿的研究人员提供优质采买服务的行家里手。

内部科研客户与外部特定供应商的两相结合让米歇尔找到了自己的专长领域。处理这一类的业务很好地反映了她多年来在实际工作中借由不同的工作岗位练就的两项本领：

- 准备复杂的技术性文件的能力（她有电气工程师的教育背景）。

- 与掌握尖端科技的科学“狂人”有效沟通的能力。

米歇尔准确理解科技含量高的技术性订单并能及时下单的工作表现，为她在采购部的日常工作注入了新的活力。她慢慢开始专注于处理这类业务，她在整个采购团队中不可或缺的独特价值也因此逐渐彰显。

你有自己的专长领域吗？你在哪一方面可以做到最好呢？什么样的任务、职责或项目让你感觉得心应手呢？换句话说，你不仅知道做什么、怎么做，还清楚哪些环节经常会出现问题并知道要如何避免。**在自己的专长领域，你知道如何能更好地服务他人，优化自己的产出能力，将你的影响力最大化，并显著提高工作的投入回报率。**

另外，比起其他业务不熟练的同事，或者比起在你不专长的领域，你很笃定自己在专长领域所投入的每一分钟都会让你更快、更好、更有价值地完成工作。无论是挖沟渠还是动手术，莫不如此。

新生儿外科医生娜奥米说：“我一直做的是矫正新生儿先天缺陷的高度专业化的手术，主要涉及胸腔、腹部和泌尿系统。这样的手术我已经做了成千上万台。可以说，每一台既千篇一律又独一无二。”试想，如果你的孩子有出生缺陷，你会想让谁来主刀呢？你肯定不大会选择毫无经验的新手。

如果你想挖沟开渠呢？“挖沟渠这个事我已经干了好多年了，”现在在一家矿业公司任长期项目经理的乔治说，“一开始我只负责打电钻，后来接触那种大型的机械设备。我的挖掘次数怎么讲也有上百次了。可以说，任何类型的工程和一个工程的任何阶段我都做过。”当你需要挖沟开渠时，你会打电话找谁呢？你显然不会找没有丰富经验的工人或只会使用电钻这种基本操作的工人。

真正的行家里手不仅业务专业程度高，更在某一方面深耕多年，累积了大量的工作经验。他们一路上见证并收集了诸多的成功案例、操作程序和工作产品。他们知道如何借鉴，也清楚如何预判。

如果你是某方面的专家，你肯定知道如何灵活运用标准的操作程序，使用可重复的解决方案和各种辅助工具。你还会借助前期的劳动成果让你的合作方充分了解你的工作内容和工作方式，以此增加互信。但是千万留意，不要只是闷头做自己喜欢的事，而有意忽略你不喜欢或认为不重要的事。这样的事例不胜枚举。通常，你不喜欢或认为不重要的事大都和文书工作相关。乔治说：“有些人非常擅长操作大型的机械设备，但在安全检查或工作交接清单核对上不仔细、不认真。我总说：‘嗨，伙计，这也是你工作的一部分呀！如果这方面没做好，一样会让人失望。’”

另一个典型的例子就是销售人员。他们往往喜欢销售产品，但在撰写销售报告、跟进客户动向和核对销售订单时不是很上心。再比如科研人员或者做研发的工程师，他们一心扑在技术上，对其他诸如质量管控、监管、生产等各方面所需的文件材料提不起兴趣。

专长扩大化

专业地工作不只是将工作专业化，成为某方面的行家里手，更要不断地自我成长和蜕变，让自己变成不可或缺的职场达人。如何做到这一点呢？你应该稳步提升和扩大自己的专长领域。你的专长越丰富，你就越能将自己的时间和精力投入更具有价值和影响力的事情上。专长领域一旦确定，那么你从事其他不相干事情的可能性就会大幅降低。然而，你也要看到，恰恰是一些看上去与你无关的事蕴含着扩大专长领域的新机会。

每次当我听到有人说“这可不是我的工作”时，我都喜忧参半。“忧”的是如果这句话并非出自一位职场达人之口，那就意味着“这事我可不想做”或“这事不归我管”或“你干吗指使我做这个”。简而言之，不想做。“喜”的是如果这句话出自一位职场达人之口，那意思就很简单，即“这件事我没法做得又快又好，基于以往的经验，我没有底气说自己不会出错或延误”。

换句话说，职场达人们想要表达的是：“我有自己的专长，但这件事不包含在内。”它给人一种如果你处理自己擅长的事一定会出色完成并合作愉快的感觉。如果某位职场达人最终基于某些原因答应了你的请求去做自己并不擅长的事，那请你务必留意。因为对方需要时间学习，只有攀上了学习曲线的高峰，他们才有可能满足你的需求。

如果你发现自己心里想着“嗯，这又不是我的事”，你最好先不要急于表达。你可以停下来真诚地问自己：我只是在抗拒做这份工作吗？倘若如此，那就停下来。或者：我想要更专业地工作吗？那么你可以告诉对方："真抱歉，这不是我的专长。"当然，你也可以说："这方面我不擅长……但我很高兴有这样开拓历练的机会。不过，你得心里有数，我可是名新手。"

再次强调，在所有你从未做过的工作中都蕴藏着新的契机。

回顾之前提到的，佩特拉曾鼓励米歇尔要将某些"分外事"看作有可能的"分内事"。当米歇尔改变思路后，她自然也就明白了佩特拉的用意。米歇尔首先借助佩特拉的帮助将工作专业化——为自己的每一位客户和供应商创建工作流程图、工作指南和工作模板。在这个过程中，她发现了自己的专长领域，即为公司的科研人员处理复杂的科技订单。由于这一类订单通常需要特殊的包装流程和特定的运输方式，米歇尔继而开发了一整套用于运输精密机械和危险材料的工作模板，其中包括各种联络方式、辅助工具和技术支持。

通过做自己的"分外事"，诸如帮助科研人员准备复杂的申请材料、协助后勤团队安排机械设备和材料的特殊包装及运输，米歇尔做到了扩大自己的专长领域。她说："自从和佩特拉一起工作之后，我才认识到原来我也可以和各种各样的供应商及客户打交道，也能出色地完成工作。我对工作的掌控感也越来越强。我扩大了业务范围和专长领域，我一直在不断地充实和挑战自己。"

如果那些不是你的工作

尽管我们要不断扩大自己的专长领域，但是在面对一项新任务、新职责或新项目时，我们还是需要谨慎地选择说“行”还是“不行”。

有时，它不应该是你的工作。并非所有的机会都极具价值。没有价值的机会主要分为两类：

第一类，徒劳无功型。有些工作只会让你白费力气且毫无乐趣可言，请仔细辨别并尽量避免。

问题是如何才能加以辨别呢？徒劳无功型的工作有时显而易见，例如一项不可能完成的任务。但是，我们有必要区分“不可能”、“有难度”和“雄心勃勃”，例如向月球发射火箭就既困难又充满雄心壮志。做一件有难度且雄心勃勃的事往往意味着改变游戏规则。

识别徒劳无功型工作的一条捷径是查看任务的提出者。他之前浪费过你的时间吗？浪费过别人的时间吗？不过，根据一个人的口碑挑选工作可能会带给你“不太好合作”或“爱搞小圈子”的名声（比如你可能讲过“我可不想跟他合作”之类的话）。你也可能因此丧失一个很不错的机会。

所有徒劳无功型的工作其实有一个共同点，即你接收到的请求往往大而化之、半生不熟。例如，你接到了一个未经深思熟虑的请求，你很快就会发现它一直在被反复修改，一会儿往东，一会儿往西，折腾了一圈也没有什么进展；有些项目可能会自动消失，显然，一开始就不应该推进；有些项目可能在反复地打磨之后逐渐趋于成熟。无论是哪一种结果，都意味着前期的工作是在纯粹地浪费时间。

第二类，缘木求鱼型。例如，有人提出要准备一封遗嘱，可你不是律师而是牙医；有人想要佩戴牙套，可你不是牙齿矫正医师而是律师；有人要将 100 个很重的箱子从仓库的一侧搬到另一侧，而你是一名压根儿不会开叉车的档案管理员。

在某些情况下，题不对路的尝试会让你显得很滑稽。不过，当你慢慢地成为具有真实影响力的职场达人，你会搭建起互通有无的人际网络平台。

你知道什么样的任务要找什么样的人，同时也很清楚谁是可培育之才。你知人善任，牵线搭桥，代为推荐，这本身就是你对他人的一种服务。如果你是大家公认的职场达人，那么你的推荐和介绍就会很有分量（如何发掘和培养职场达人请参见法则 7）。反过来，这也再次说明建立人脉资源的重要性。你之所以在工作中不可或缺，原因之一就是你是不同职场达人之间的纽带。

有时，它应该是你的工作。在某些情形下，一个看上去似乎不属于你的任务还真就应该是你工作的一部分，要如何才能分辨清楚呢？主要有以下三种情况：

第一种情况，一些事需要有人做，而这个人最好是你（至少有时如此）。我指的主要是一些与你的本职工作紧密相关的辅助性工作，比如：作为一名重型机械操作员，你有必要做好安全检查，准备好换班时的交接清单；作为一名为新生儿做手术的外科医生，你一定要仔细地清洗双手。

一些定期或经常要做的工作也属于此列。它们可能是一些无人具体负责却又不得不做的一次性差事。你有时去做的原因在于：你不仅有良好的职业道德和团队合作精神，而且更懂得谦卑和付出。不要忘记人际关系的投资回报率，你所做的一切，别人都看在眼里，记在心里。例如：

- 你并非办公室的保洁员，但看见满满当当的垃圾桶时会主动倾倒。
- 你不负责修理办公设备，但你知道如何解决卡纸的问题。
- 你不提供办公室的餐饮服务，但如果你第一个到达办公室，你会为大家准备咖啡。
- 你不是办公室主管，但看到邮件或一盒办公用品时会顺手拿给大家。
- 你不负责业务培训，但会花时间教某位同事处理电脑上出现的新情况。

不过，万事有度。你不能把自己变成那种一有机会就蹦来跳去的人，否则你不可能成长为一名职场达人，只能是办公室里的小帮手。

第二种情况，某些工作与你的专长领域息息相关，你会很自然也很容易地将它们纳入你的专长范围。例如，一名专门从事新生儿胸腔、腹腔和泌尿系统手术的外科医生掌握了一项手术新技术，或是将业务领域拓展至耳鼻喉科；一名开渠挖沟的工人学会了操作一种更新更大的重型设备，或是掌握了如何建造新型沟渠的技术；一名餐厅服务生模仿老板的样子在门口招呼客人。它们都是有助于你做好本职工作的辅助工作，你掌握起来也相对比较容易。所以，做这些工作对你来说合情合理。

第三种情况，有的工作会拓展你的专长领域、让你开启额外的事业或彻底改变你的职业生涯。请保有一份笃学不倦的开放心态，督促自己接纳新知识、新技能、新智慧，搭建新关系，获取新经验，总结最佳的实践方法，创建新的辅助工具、工作产品以及可重复的解决方案。

开拓全新的专长领域是你实现自我增值多样化的方式。有一些领域易于互相叠加，但大多数都需要重新培训，有些甚至需要返回教室充电。例如，一名餐厅服务员想要从前台转移到后台——厨房，那么他就得学习如何做菜；一名挖沟开渠的工人想成为一名重型机械维修师，那么他首先要通过学习成为一名机械师；一名负责新生儿手术的外科医生想给成人做手术，也要通过相应的学习和实习过程；等等。

再举例来说，假设你原本是一名律师，现在却立志成为一名牙医；或者你想从牙医变成律师；又或者你决定两相结合，运用自己在口腔方面的知识发展你的律师事业，专门处理与口腔医疗相关的各类纠纷或医疗事故。你既可以代表牙医应诉，也可以代表患者起诉。来自纽约布鲁克林区的医学博士埃里克·普卢米斯（Eric Ploumis）的故事就很有启发性。他原本是一名牙医，但决定学习法律。不过，如果他只是转换了跑道，那故事可能还没有那么精彩。事实上，他兼顾了牙医和律师这两重身份。他在一间办公室里治疗牙齿，在另一间办公室里处理法律业务。所以，他的病人或客户从一扇门踏进另一扇门，既可以与他讨论合同签署的法律问题，又可以进行牙齿保健。

如何扩大自己的专长

你要系统性地扩大自己的专长领域。

既不畏首畏尾，也不胆大妄为。假设一位很有前途的内部新客户想让你接手一项看上去非常棒的新任务。你之前从未做过类似的工作，你对自己的能力也有一些犹疑，那你应该怎么做呢？此时，请不要畏惧，因为它是一个学习和成长的好机会。

当然，你也不能过于天真，盲目自信。太多人会对工作强度有误判。“完成一项新任务到底有多大的工作量呢？”答案通常是“永远比你想象的多”。因此，千万不要低估任何一项你接手的工作。

不要试着一个人苦心琢磨。你不需要单打独斗，不需要在集思广益之前一个人想办法解决问题。职场新手才会想着孤军作战。

无论做什么，知识先行。有些专家会说所谓“知识”跟你所从事的工作内容相关，如果你承接的任务、担负的职责或参与的项目需要经过高水平的专业培训、专业教育或专业认证（例如医生、工程师和教师），那就可以说你是在从事知识型的工作。反之，不需要经过专业训练的工作（比如挖沟渠）就不是知识型工作。

对此，我不同意。

根据我们的研究，尽管很多人的日常工作并不需要多么高深的学问，但是他们在工作过程中始终在有意识地采集信息、掌握技术和更新视角。我也见过很多从事传统意义上知识型工作的人并没有在自己的日常工作中积极思考。

所以，我们认为知识型工作不是只关乎工作的内容，而更多的关乎一个人的工作方式。换句话说，他是否在工作过程中坚持不懈地学习。如果你积极主动地寻求帮助、采集信息、掌握技术和改变视角，那么挖沟渠也是知识型工作。

这究竟意味着什么呢？它意味着无论做什么，你都保持开放的心态，不设预判，质疑假设并搜寻信息。你在学习、实践和思考的过程中储备知识，掌握技能。想一想那些你认识的聪明人，他们必定都是乐于学习也善于学习的人。阻碍我们变聪明的一个原因就是我们误以为“聪明”是某种恒定的状态而非一个动态变化的过程。

吸收新知识和掌握新技能的最佳方式是从零开始学习。假设自己一无所知（或者至少提醒自己所知有限），而后问自己：什么样的知识、技能和智慧能够帮助我完成新任务或承担起新职责呢？我需要了解哪些信息？什么是我应该反复记忆且反复练习的呢？不断地重复往往是成功的关键。

所以，成为一个知识型的工作者就是要"活到老学到老"，并能够将自己的所学运用到实际的工作中去。

大大方方地学习。当你接触新鲜事物时，千万不要想着"可不能让别人看见我正在学习，这可能会降低别人对我的信心"。事实上，真没有必要偷偷摸摸地学习。

有学习经验的人都知道积极学习的人往往是学识丰富的人。大大方方地学习只会提升而非降低别人对你的信心，在学习的过程中，你可以做到完完全全坦诚透明。同时，"三人行必有我师"，你要尽可能地找到那个可以帮助你掌握某项技能的老师，向对方多提好问题。你要对手头能够找到的最佳实践经验多加揣摩，创建并熟练运用标准的操作程序，将常见问题及其可重复的解决方案准备在册，积极使用包括工作指南、工作清单在内的各项辅助工具。当然，最好找到先前类似的或相关的工作产品进行学习、模仿和推演。

在工作的每一步，你都要让他人清楚地看到你在积极学习和实践新知识新技能的同时，也在认真地做好以往的工作。另外，在创建自己的最佳实践经验、可重复的解决方案和辅助工具时，你一定要多请教、多提问。

不做无用功。很多人在处理新鲜事物时会忽略先前累积的宝贵经验，反而做起了各种无用功。

你或许就有过这样的经历。比如，某项任务、职责或项目已进展过半或几近扫尾，你突然意识到："咦，这事以前有人做过！怎么没人告诉我？"其实，你更应该问自己一个问题："为什么没有事先做好调查呢？"

始终牢记专业地工作的第一步：工作专业化。因此，当你想投入某个新领域时，你理应寻找业已确定的最佳实践经验、已被验证的可重复的解决方案和各种辅助工具（尤其是之前成功的工作产品）。大部分的新任务、新责任、新项目和新问题可能仅仅对你而言是全新的。其实，我们可以大胆假定这些之前都有人做过。可能有一些人比另一些人做得好，甚至也有一些人曾经做到过最好。这恰恰也是以往最佳实践经验的来源。然而，在组织机构内部，这些最佳实践经验往往并没有引起人们的注意。

一些明智的组织机构会时常有意挖掘和梳理以往的最佳实践经验，让它们能够为员工所用。最佳实践经验一旦确认，就理应被转化为标准的操作流程。组织机构内的员工理应熟练掌握它们，并通过高质量的员工培训和辅助工具来系统地予以支持和发展。

专业地、更专业地工作

当你创建起一整套最佳实践经验、可重复的解决方案和辅助工具时，你已经构建起了属于自己的服务及产品库，这就是你的专长领域。

这些你最有经验的服务和产品就是你可以最高效也最出色完成的工作。它们经过了时间的考验，成为你的专长。你也因此成为他人眼中在这一领域的职场达人。

你希望有越来越多的人找你合作，你也做好了提供最佳服务和产品的准备。你已开发出一套强大的辅助工具和工作程序来支持自己出色地完成工作。当你创建的可重复的解决方案成为组织结构内部既定的解决方案并被广泛使用时，你会发现自己业已成为这方面的管理者。如果你因此引起上级的注意，这对你来说是件好事，因为它往往意味着你进入了快速升迁、获得更高职权的通道。

持之以恒地打造自己的专长领域，但请记得你越忙碌、工作量越大，就越需要专注于具体的执行，不要变成花式抛接球的杂耍演员。除非你有始有终地完成了某项任务，否则就不能算是在专业地工作。

职场达人的 TIPS

THE ART OF BEING INDISPENSABLE AT WORK

- 只是埋头努力工作，你不可能成为一名职场达人。
- 工作专业化包括三点：最佳的实践经验、可重复使用的解决方案、辅助工具。
- 业务专长化指清楚地知道自己的专长所在。在专长领域多花的每一分钟必然比你在其他不擅长的领域多花的每一分钟更有价值。
- 专长扩大化是寻找机会扩大专长的领域。需要你无所畏惧、大大方方地学习并迅速提升学习曲线，千万不要忽视先前的相关经验。

法则 5

不需要做很多事，但每件事都要做完

THE ART OF
BEING INDISPENSABLE
AT WORK

做工作
就是要完成工作，
完成永远比完美更重要。

我之前曾评估和培训过一家保险公司的一位中层主管，我暂且称她为“杂耍演员”。她手头总有好几个项目齐头并进，每日忙得团团转，可是任何任务到了她这里就好像进入了瓶颈期。她总在忙却事事不完结，可想而知，她的工作伙伴有多不满。

那天，我按预约时间准时出现在她的办公室门口。她当时正双眼紧盯着电脑屏幕，没有留意到我的到来。紧接着，她桌上的电话响了，她没有转移视线，接起电话按下免提：“嗯，是的，我这会儿正在算一个东西，待会儿还有一个预约会议，怎么了？”

我听见打电话的人说：“啊，打扰你了，可这会儿应该是咱俩之前约好的电话会议的时间呀。”“哦，天哪！”她说，“没错，我把时间给约重了。”直到这一刻她才看见我，示意我先进来坐下。

只听对方在电话那头笑着说："你总会约重，不是吗？好吧，咱俩再约时间。"

她回应道："谢谢啊，记得给我发个邮件。真抱歉，我们回聊。"她挂上电话的那一刻抬头看向了我。

我说："你需要几分钟稍微缓一下吗？"

"啊，没事。"她说，"总是这样。我的事儿真是太多了，忙不过来。"

正式交谈开始之后，她迫不及待地想让我明白她的工作量有多惊人。在她办公室的一面墙上有块白板，上面密密麻麻地写满了她要负责的各种项目和肩负的各种职责。我当时心想："啊哈，原来这些就是你拖欠同事的尚未完成的各项任务。"

"能不能详细说说你在项目 Q 中的主要职责？"我开口问道，"关于项目 J，你能不能说得再详细一些？"我问了一圈诸如此类的问题。尽管她滔滔不绝，可是我听完之后还是对她在每一个项目中的具体职责不清不楚。

最后我说："嗯，这样吧，你刚才说自己每天按时上班，喝完第一杯咖啡之后开始工作，那么第一件事、第二件事、第三件事，你一般会做些什么呢？"

她将电脑屏幕转向我，给我看她的日程表。上面有同时做两件事甚至三件事的各种标记，有面谈，有电话会议，还有一个按日期集中显示每日待办事项的任务管理器。

我看完后接着问她："这么多的任务，哪些是你今天必须完成的呢？"

这个问题让她一时不知所措。她说："我每天都忙得晕头转向，还真不是很清楚今天必须要做完哪些。你有过这样的经历吗？"我真怀疑她在大多数情况下都是这种一团乱麻的状态。

恰在此时，她的手机开始振动，电脑发出了提示音，办公桌上的电话也响了起来。她对我说："稍等我一分钟，好吗？"

一分钟。一个一分钟。又一个一分钟。看来她需要马上处理一些特别紧急的任务，我们的谈话戛然而止，彼此说好再约时间。

不难看出，她真的很忙！可是，她缺乏将一件事从头做到尾的专注力。同很多人一样，她花了太多时间处理纷至沓来的电子邮件，总被各种不重要的事情干扰，重要的任务常被中断，参加了太多可有可无的大小会议。在不断处理各种事务的过程中，她还想挤出时间做一些具体的工作，以此缩减自己怎么做都做不完的任务清单。

在发生协同合作变革的当今职场，权责界限不再清晰明确，优先事项也变得混杂模糊，几乎每一位尽职尽责的职场人都会说自己就像是玩花式抛接球的杂要演员。他们这么说的时候往往还语带一丝骄傲，好像自己忙着处理的各种工作都无比重要。

的确，你需要参与各种跨职能、跨部门的协同合作，需要处理一长串各不相同的任务。但也正因如此，你才不能让自己变成杂要演员。工作越忙，工作量越大，你就越无法承受成为杂要演员的代价。它并非荣誉的象征，如果玩不转，接球失败是迟早的事。

玩花式抛接球不应该是你的目的，除非你最终可以完成全部工作，但你不可能每次都能全部完成。**事实上，任何人一次都只能做一件事。所以，你需要能帮助你专心致志地一次只做一件事的辅助工具。你的目的始终应该是有始有终地完成一项工作。**

换言之，就是“做！完成它”。

完成比完美更重要

玛丽·特劳特（Mary Trout）是我特别欣赏的一位高级管理人才，她是一位极具价值的全明星式职场达人。她对自己团队新成员的评价标准很简单，就是能否完成自己的工作。“完成它！”是特劳特团队里的每个人都耳熟能详的一句口号。很多人把这句话标记在自己工作区域的某个地方，有人还专门将这句话打印出来贴在自己的公告板上。

完成就是完成。完成它！一次完成一件事，再开始做第二件事。

职场达人都会完成自己的工作任务。可以说“完成它”三个字就像是硅谷精英企业家雪莉·桑德伯格（Sheryl Sandberg）经常被人们引用的那句名言——“完成比完美更重要”的一个简洁版。有太多人整天忙得团团转却没能完成自己的工作任务，或者说没能完成足够多的工作任务。有时候，某项工作刚刚进展到一半，他们却突然改弦易辙，转换跑道。

这种事经常会发生，例如某项工作的状况发生了某种出人意料的改变。我们的确要做好“随时应对改变”的准备。在今天这样有太多不确定性的工作环境，我们需要具备一定的灵活性和适应性以应对各种有可能的变化。

但更多的时候，人们之所以会临阵脱逃，并不在于外界环境的改变，而是在于自身的欠缺。他们对自己选择的方向丧失了信心。他们或许害怕失败，或许也害怕成功，或许只是丧失了动力和热情。无论出于什么原因，他们就是无法一路坚持抵达终点。此时，他们四周各种电子设备发出的嗡嗡声或铃声反而成为一种能让他们暂时逃避的消遣。

常见的情况是他们刚开始投入工作，就被各种电子设备的声音打扰分神。他们告诉自己必须立刻做出回应，否则就好像会错过特别紧要的事。或者他们担心此时不处理，稍后就会淹没在积压如山的电子邮件、短信或语音留言里。（参见第 168 页“整理电子邮箱的方法”。）不能说他们的担忧毫无道理，但这通常是杂耍演员日复一日忙着接球却无法按时完成工作的主要原因。

拒绝成为杂耍演员

花式抛接球的“杂耍”似乎有点“多任务处理”的意思。人类多年来在认知领域的研究已表明，“多任务处理”，即一个人同时处理多项任务，只不过是人类一厢情愿的天真想法。事实证明，看上去最好的“多任务处理”也只是能快速地完成“任务转换”，即我们的大脑可以快速地从一个关注点转移到下一个关注点，或者在不同的几个关注点上来回切换。人类的大脑从来不可能同时处理好几件事，任务转换的过程和更换频道是一个道理，你只是从一个频道快速调至另一个频道。花式抛接球其实也一样。

脑科学的大量研究，譬如美国斯坦福大学的科学家克利福德·纳斯（Clifford Nass）和安东尼·瓦格纳（Anthony Wagner）所做的研究表明，杂耍、多任务处理和其他形式的“注意力转移”实际上是非常低效的。简单来说，注意力越集中，人类的大脑才越会在一段时间内快速、准确地工作。因此，我们需要一次只专注于一件事。令人高兴的是，根据这项研究，大多数人的专注力一次可以持续 30 ～ 45 分钟（之后大都需要一个短暂的休息）。

这就是说你应该在自己注意力集中的时段内不受干扰地积极工作，

由此获得实打实的劳动成果。尽管你一次完成的只是整个工作量中的一小部分，但胜在日积月累。然而大部分的职场人并没有以这种方式工作，而是在“玩杂耍”——自以为在同时处理多项任务，实际上成绩寥寥。

最典型的例子就是开会。很多人在开会时忙着收发邮件和短信。也许，他们真以为自己在“多任务处理”，一边开会一边回邮件，但实际上他们缺少足够的专注力，一件事也没能做好。他们可能会说：“反正这个会也没多重要。”每次听到这样的话，我都想问对方：“你怎么知道呢？你压根儿没有仔细听！”

这类人通常认为开会等于浪费时间。那么，我想问：“你觉得如何才能提升会议的价值？”正是因为与会者的注意力不够集中，会才越开越长，越开越没有价值。他们往往在会议快结束时突然插话，发表某个之前已被表达过的观点或是提出某个已被问过的问题，因为他们之前一直在看手机。

会议其实可以很有价值。开会是一群人在一个固定的空间内一起投入一段时间，这其实是一次组织资源的巨额投资——参与会议的每一个人的时间和精力都被集中投放到同一个地点。开会是一个消息共享、彼此倾听与回应、明确工作上的优先事项、做出决定、规划彼此依赖的工作任务（比如某项工作从一个人手中转接到另一个人手中）、排除故障、解决问题、核对时间进度表、调整校准的大好机会。开会也因此极具价值，但会议的价值完全取决于与会者的投入程度。

那么，“杂耍演员”总想在开会时处理电子邮件和短信又是一种什么情况呢？我也总会问他们，难道这些用于交流的电子邮件和短信就那么不值得你一心一意地处理吗？我还会问：“你是怎么做到一边在会上听别人的发言一边阅读、理解电子邮件并以最恰当的方式予以回复的呢？”他们也许会说：“哦，这些邮件也不是很重要。”那么，再说一次，你都没有认真查看，你认为它们不重要的依据是哪儿来的？事实上，有一些邮件和短信也许意味着一些重要的事会随之发生。

有意思的是，既然这也“不重要”，那也“不重要”，那么究竟是谁一直在忙着做这些“不重要”的事呢？究竟是谁在花时间参加“不重要”的会议、处理“不重要”的电子邮件呢？

如果你希望自己能独当一面，成为别人眼中那个可以又快又好地完成工作的人，那么你就需要有意识地贡献出自己的价值。无论是开会、回邮件、面谈、做调查还是做其他任何事，你都应该全情投入。

整理电子邮箱的方法

协同合作变革的标志之一一定是我们电子设备上的邮件小图标，它几乎一整天都在时不时地闪烁着，提醒你又有一封新邮件挤进了不断壮大的电子邮箱。然而，如果你一整天都在忙着回邮件（甚至为此工作至深夜），那这项工作似乎望不到头。怎么办呢？建议如下：

- 回复的信息要少而精（你再次收到对方回复的次数也将减少）。
- 在发送消息前自问是否需要安排一次面谈，有些事情当面沟通效果最好。
- 不要发送草稿，将草稿发送给自己。
- 如果担心自己在给某人发送消息时会忘记某件事，请发送提醒给自己。
- 只在必要时抄送他人，只在必要时回复全部。
- 有意识地使用红色旗帜或其他邮件的分类标记。
- 邮件的主题词要简短明确，留意上下文。
- 一旦邮件的主题发生改变，请更新主题词。
- 邮件内容要清晰有序，直奔主题。
- 创建一个简单的文件夹系统，根据你之后对电子邮件的处理进行归档。

- 确定每天集中阅读和回复电子邮件的固定时间段。不要时不时地总在查看。告知他人你查看电子邮件的习惯，以便对方调整对收到回复的时间预期。

掌控时间，而不是被时间追着跑

几乎每一位职场达人都认为自我管理其实就是掌控时间。如果你能掌控时间，你就掌控了自己。要如何才能做到呢?

我遇到的每一名“杂耍演员”都在努力工作，但他们很难完成具体的工作任务。我想知道他们究竟是如何工作的。这不是什么抓现行，而是想帮助他们通过管理时间来赶上工作进度。我们以分钟计算一个人的生产力，即你的生产力就是你每分钟的劳动产出能力。生产力的计算不仅关系到完成一项工作所花费的时间，更关系到在一段时间内能完成的工作量。

“杂耍”是指一个人做一件事没多久就去做第二件事，而后在不同的任务中来回跳跃、反复切换，由此大大降低了自己的工作速度和执行的准确程度，结果在处理一些优先事项时因未能投入足够多的时间而导致工作任务的拖延。越来越多的相关研究表明：与专心致志相比，杂耍式的切换只会导致出错率上升和产出率下降。专心致志意味着一个人在一段时间内持续不断地投入工作（最理想的状况是一次投入 30 ～ 45 分钟），从而降低出错率，提升产出率。

不要玩杂耍，要投入地工作。找出日程表上的空当，利用这些空当投入地完成某些任务。这就是职场达人掌控时间的秘诀。

不只是“待办”，更要“办成”

拉斐尔在一家工程公司担任监管事务经理。他的工作量多得惊人，但他是我见过的能够将“有始有终”做到最好的人之一。他有一份工作时间表和一份待办事项清单，但他同时还有一份“必须办成”事项清单。他向我展示了他的工作模式。

在他办公桌两侧的墙上分别装有两块白板：第一块白板上列着需要他长期跟进的项目（各个项目的细节就备注在这块白板的左侧），我看到上面写得满满当当，还用各种颜色标示出任务的优先级别（比如红色表示目前排名第一的任务）。第二块白板上则写着拉斐尔当天的必做事项。它也分为左右两栏：左侧抬头写着“今天”，以小时为单位划分出工作时段；右侧抬头则简单地写着几个字：必须完成。

看到几乎空白的第二块白板，我大感诧异。基于他非常高效的工作状态，这块看上去空荡荡的白板显得有些奇怪。难道在“今天”两个大字的下面不应该是密密麻麻的各种任务清单吗?

今天	必须完成
6:00	
7:00	
8:00	
9:00	
10:00	→ 写完 SQF[①] 申报的第 3、4 段
11:00	
12:00	
13:00	
14:00	
15:00	
16:00	→ 写完 SQF 申报的第 5、6 段
17:00	→ 检查 SQF 申报报告并准备提交
18:00	
19:00	
20:00	
21:00	
22:00	

① SQF（Safety Quality Food）是全球食品行业安全与质量体系的最高标准。——译者注

我发现他写在这块白板上的几件事都以 30 ～ 60 分钟为一时段，时段旁有一个明确的箭头指向右侧的“必须完成”事项栏，栏内的任务描述简单明了。

你可能会说，这不就是大家通常使用白板来记录和跟踪工作目标、时间进度和待办事项的一个拉斐尔个人版嘛。但拉斐尔不这么认为。他说这是自己当天在选定的时段内必须“完成”而非“待办”的事项。而且，他接着说：“这不是我的日程表，而是在日程表的某些空当我见缝插针要做的事。我的日程几乎已经被各种会议或电话会议排满了，所以有必要把其中的空当时段标记出来，让自己有机会集中精力地做完某件事。”

拉斐尔的两块白板是一个非常好的比喻。长期项目比较固定，而每天的工作充满变化，不仅每一天有变化，而且在每一天的每一个时段也可能有变化。拉斐尔说：“我一直信奉‘今日事，今日毕’。只要是今天的任务，我绝对不会拖到明天。任务完成之后，我就会从白板上擦掉它。”

所以，我建议你不只是要列出一份“待办”事项的清单，更要列出一份每日“必须完成”的项目清单；不只是有一份日程表，更要发现和利用日程表上的空当，专心致志地完成某项“必须完成”的任务。

选择、投入和言出必行

也许你在想：“很多时候，做什么、什么时间做也不是由我自己说了算呀！”要做的工作很多，可支配的时间又太少。要开会，要看电子邮件，而且一次只能做一件事，那么该怎么选，是去开会还是回复电子邮件？

我们处理一项任务的重点并不在于你具体做了什么，而是你究竟是如何做的，是一心一意呢，还是一心多用呢？其实，你可以遵循一条简单的规则：言出必行。既然做，便全力以赴，又快又好地将它完成。真正能遵循这条简单规则的人并不多，甚至一些行程忙碌的资深成功人士也没有做到。你呢？你做得怎么样？能做到言出必行吗？为了做到这一点，我推荐大家使用时间日志。

时间日志

时间日志是一个帮助“杂耍演员”掌控时间的强有力的工具。如果你切实记录，它必定会对你有帮助。请注意，如果手头的任务有变更，请务必及时准确记录。

一旦开始使用时间日志，就不要懈怠。换言之，你要随身携带时间日志，点到点地记录工作时间和工作内容。可以从连续记录 5 个小时开始，接着增加至 10 个小时；可以从早上 6 点开始一直记录至晚上 10 点结束。先记录一天，再来 3 天、4 天、5 天。持续一段时间之后，你自然就会明白它的好处。

记录时间是一个效能巨大的习惯。它会让你看到自己在什么事情上花费或浪费了最多的时间，也会让你发现在日程表上何时有一个空当能够加以利用。

如果一直以来你都是“杂耍演员”，那么时间日志会让你疲于记录，因为你习惯于频繁切换工作任务，所以需要时不时地停下来录入新的条目。这恰恰也是时间日志的功效所在：实时反映你的工作现状。

再回到我在本章开篇提到的那名“杂耍演员”，仅仅从我与她共处的那 39 分钟来看，她的时间日志可以记录如下：

14:58	停止计算。计算未完成
14:59	接电话，和对方约定重约时间
15:01	和咨询顾问（我）开始谈话
15:27	接收电子邮件、短信和电话
15:31	接听电话
15:32	在接听电话的同时查看电子邮件和短信
15:33	一边接电话，一边回短信
15:35	继续一边接电话，一边回邮件
15:37	电话结束。有紧急情况需要处理，被迫提前结束和咨询顾问的谈话，再约时间
15:38	急匆匆地前去处理紧急情况
18:20	返回办公室，接着计算
18:21	……

你使用过时间日志吗？如果还没有，推荐使用。记录时间会让你对自己究竟如何利用最宝贵的资源——时间，有一个清晰的概念。

- 将时间记录与你工作中的优先事项进行比对。你是按照任务的优先级别来分配时间的吗？
- 你在什么事上（或什么人身上）浪费了最多的时间？哪些原本不重要的事却占据了你的时间？要如何避免？
- 什么是你最大的干扰源？如何做才能更好地处理这些干扰？
- 辨识你需要紧急处理的意外情况或问题。如何做才能更好地提前预警和预防此类事情的发生？
- 找到提高工作效率的机会。如何才能提高工作效率？是否有更高效的方法？应当避免哪些弯路？

在精确记录的基础上时时回顾和总结。根据总结与分析重新规划你未来一周的日程安排。最好可以在日程表中找到一块相对完整的时间区块。对你（和大多数人）来说，时间区块的缺乏是阻碍你完成工作任务的最大障碍。

时间日志会展现出一幅你如何使用时间的全景图像。它将激励你重新掌控自己的时间，其要点在于放慢速度，具体的操作可以分为两步：

1. 增加专注地做一件事的时间长度。在你切换至下一个任务前，请尽可能地拉长你处理当下某项任务的时长。你要降低自己“抛接球”的速度。做一件事的专注时段越长，你能完成的工作量也就越多。

2. 尽可能地找到或留出专心致志地处理优先事项的时间区块（以 30 ～ 45 分钟为宜）。这样的时间区块越多，你能完成的工作量也就越多。

简而言之，放慢“玩杂要”（切换任务）的速度，提升专注工作的时间。当然，我们还是会不可避免地被他人打扰。应当如何处理呢?（参见“避免打扰的方法”。）

THE ART OF BEING INDISPENSABLE AT WORK

避免打扰的方法

无论你预留出多少个时间区块，你依然会面对不断被打扰的问题。那么可以怎么做呢？

据我所知，有一类职场达人会严格使用自己能够专注工作的时间区块，避免遭受任何打扰。他们被戏称为“无情无义”或“铁面无私”的代表。他们的方法很简单，就是设定一条工作规则：“除非是有火烧眉毛的事，否则请等待 45 分钟后再来找我。”

如果前来打扰你的人还是很多，你需要将他们的打扰安排为定期的一对一的谈话。同时，让你设定的工作规则——“除非火烧眉毛，否则我们另约时间”尽人皆知。

你也许并不喜欢这种做法，你也许属于那种告诉所有同事“我的办公室大门常开”的类型。但问题是如果你想完成工作任务，就不能大门常开。

对任何人而言，定期有效的沟通永远都比临时随机的交流更有成效。所以，安排一对一的对谈会让你确保自己有 30～45 分钟的时间区块。这样的时间区块越多，你集中精力能完成的工作就越多，你能留给自己和他人的时间也就越多。

你的工作规则最终会传播开来。有人对我说：“我一般在当天的晚些时候专门留出一块时间来处理各种打扰。往往到那时，很多原本别人想找我的事大都已自行解决。还有一些需要处理的，我会发信息和对方预约具体时间专门处理。集中处理问题就是我确保完成任务的工作方式。”

如果他人可以随时打扰你，那么你将无法判定事情的轻重缓急。很多临时找你的事其实既不急迫也不重要。

一旦你划分出时间区块，开始掌控自己的时间，你就可以按照事情的优先级别来处理。

掌控自己的时间

你的目标是拉长做一件事的时长，并将越来越多的时间区块投入对你来说最重要的事情上。

此刻，对你来说，最重要的事情是什么呢？如果你仔细地梳理自己在工作中的垂直关系，你便会找到答案。在你上级的眼中，你最重要的工作是什么？在你上级的上级的眼中呢？你的直系下属是否清楚要将自己的时间投入在哪些任务上？

你与同自己呈水平线和斜线关系的同事有没有保持步调一致？你清楚他们的优先事项吗？你与组织机构中处于指挥链上的管理者步调一致吗？

你的优先事项是哪些？请及时查看、确认和更新你的优先事项。对你来说，究竟什么任务、职责和项目是最重要的？目前的重中之重是什么？为什么？你确定吗？接着，排名第 2 的任务是什么？排名第 3 的呢？你现在还有时间处理 3 个以上的重要任务吗？对于排名前 3 位的任务，你要如何分配时间呢？

如果你有 5 个、10 个甚至 15 个优先事项当然也没关系，但此时此刻，你不可能同时处理 3 个以上的重要任务。那么，对你来说哪一个最重要？拉长至今天一天来看呢？明天呢？整个这一周呢？下周呢？我们说从现在起的未来 3 周，它只是一个愿景，而非当下。因此，你要问自己：我现在最应该做什么？如何给出你的答案就意味着你要如何掌控和分配自己现在的时间。

如果你时间有限却业务繁忙，那么你一定要设置工作任务的优先级别。按照优先顺序，你自然就知道自己先要做什么，接着做什么，之后再做什么。就今天而言，你的工作顺序是什么样的呢，还是说今天一天，你并无要事可忙？

我们有必要按事情的优先级别来安排每一天、每一周的工作量。我们要将大任务拆解为若干个可以具体操作的小任务，再根据一个个小任务的工作时长推算出完成整个任务的时长。当然，在具体的执行过程中，你免不了还是会忙一忙其他的事，但请努力戒除频繁切换任务、玩花式抛接球的习惯。

这就是你开始掌控时间的转折点。当你开始完成越来越多的工作，你必然会提升自己的生产力，增加每日可以专注工作的时间区块。你学会了任务分解，将大任务拆解为一个又一个的小任务。究竟可以拆到多小呢？这完全取决于具体情况。要小到足以让你完成之后再转移至下一个，并由此一步步地完成最初设定的目标。每一个具体执行的任务都可以继续拆解下去，大任务变小任务，小任务变小小任务，以此类推。

每当我看到一个人陷入困境——疯狂工作却收效甚微时，不管对方处于什么样的级别，我都会帮助他拆解任务。一步步地拆解，一步步地缩小任务范围，有必要时我甚至会说："现在请你的大脑发送一个指令给你的右手食指，按下 M 键，接着发送一个指令给你的左手食指，按下 R 键。"诸如此类。

这听上去有点儿匪夷所思，但请试一试。**无论何时，当你深陷困境不知从何做起时，请静下心来将任务逐一拆解，而后开始专心致志地一次处理完一个小任务。你会看到成效，你的工作也会向前推进。**

较小的任务块和较大的时间区块就是你的制胜法宝。

"一口"大小的任务块

人们常说要对一个大项目设置一个个的中间节点，在每两个中间节点之间划分出很多个小目标，而在小目标之间要规划出具体的行动方案。

人们对这种将大任务拆解为小任务的工作方法有成千上万种比喻。

我个人最喜欢的一个比喻是：你如何才能吃掉一头大象呢？那一定是一口一口地吃。所以，我认为每一个具体的行动就应该是"一口"的大小。我之所以喜欢这个比喻，是因为它提醒我们只有在咀嚼并咽下第一口之后你才能接着吃第二口，切忌同时往嘴里塞很多块。将东西切成一口大小的分量，充分地咀嚼和吞咽。环顾四周，有什么事或人来打扰你吗？啊，最好没有，那么吃一口，嚼一嚼，再咽下去。

你没必要一口气吃掉一整头大象。每天都为自己预留出一整块不受打扰的时间，理想状况是 30 ～ 45 分钟，你由此可以聚精会神地完成你的预定目标。一个时间区块内，你究竟可以吃多少口呢？

答案因人而异。你需要自己计算出你在注意力集中的时间区块内能够完成的工作量，也许不同的时间区块会有不同的效果。无论如何，请从现在开始做起。

对工作量进行用时研究。对于任何你接手的任务、职责或项目，你都需要根据工作量做用时研究。这一点听上去似乎更适用于那些痴迷于超额完成任务的人们，例如我曾在一家会计师事务所采访到的一名报税员，她为自己能够快速且准确地找到各种单据列表而深感自豪。我也遇到过一位很有艺术气质且特别有内驱力的金属制造商，他一个劲儿地向我展示他是如何保持产品合格率的最高记录的。还有那名性格开朗的销售员，他每天不厌其烦地记录着自己拨出的每一通电话、留下的每一条语音信息、通话时长、每一通电话的消息命中率以及最终激发起顾客兴趣并完成销售的数量。为什么要做这些呢？“我们就是靠这个挣钱的，不是吗？就这么简单呀。”

无论你做什么，如果想做得更快更好，那么都请用更细化的衡量标准来提升自己的表现。这是一种自我训练的方式。如果你想跑得更快，那么你可以分段计时；如果你想做更多的俯卧撑，那么你需要仔细计数；如果你想要确认自己的姿势是否标准，那么你最好对着一面镜子。

将每一项任务拆解为可操作的具体步骤或清单是第一步。紧接着，你需要将每一步再细化为一系列具体的行动：

- 咬一口。
- 嚼一嚼。
- 再吞下。

对每一项任务里的每一步进行计时；对每一步里的每一个具体的行动进行计时。每一项任务究竟需要多少时间呢？每一项任务里的每一步呢？每一步里的每一个具体的行动呢？如果我们层层计算和核对，那么必然会知道完成一项任务究竟要耗时多久。

你感觉自己完成一项任务需要多少时间呢？请对每一项任务、每一个步骤和每一个具体的行动制订时间预算。

更上一层楼。运用时间预算帮助自己不断前行。

- 如果出现滞后，你需要细致入微地进行差距分析。检视你的每一步和每一个具体的行动，找出你的实际时间用量与前期时间预算之间的微小差距。它们之间的差距里就蕴藏着你提升工作速度的机会。
- 如果想提速，也是同样的道理。你需要从最基本的具体行动开始提速，通过缩小步与步之间的空隙来达到整体提速的目标。一次只做一件事会最大限度地降低你在提速过程中可能会攀升的出错率。
- 你如何能确保自己的每一步都是正确的呢？你是否采取了一些不必要的步骤或行动阻碍了整体进度？你有没有遇到一些反复出现但能够清除的工作障碍？

高杠杆的时间投资

看看日程表，如果你只能找出一个完整的 30 ～ 45 分钟的时间区块呢，如果这一天甚至这一周也只有一个这样的时间区块呢？你要怎么做？当然要利用它做最重要的事。问题是：什么是最重要的事呢？

还记得我们小时候喜欢玩的那个猜谜游戏吗？“如果可以愿望成真，

你只有一次机会，你会许一个什么样的愿望呢？”在某种程度上，最佳答案往往是：“有更多的愿望可以实现。”这和我们如何回答“如果你只有一个时间区块，你想要做什么呢”有异曲同工之妙。

我的答案是：“尽可能地创造出更多的时间区块。”如何创造呢？你要将完整的时间区块投入我称之为具有高杠杆效益的任务上。例如，你花时间有效阻止了问题的发生（比如防火），启动了让某项工作能顺利进行的必要步骤（比如在开始烘焙前预热了烤箱），或者激发出某人或某物的生产力（比如将一项任务有效地委派了下去，或是完成了对机器人的编程）。

将区块时间投入具有高杠杆效应的任务当中会事半功倍，为你节省出更多的时间。回顾一下前几条法则提及的要点，它们就属于具有高杠杆效应的工作：

- 每一次都以正当的理由按正确的顺序做正确的事，为他人增值，为他人服务，目的在于让每一个人从长远角度来看都发展得越来越好，建立你的真实影响力。
- 与你的同事（无论是在你什么方位的同事）建立起有效的定期对话，确保彼此沟通无碍。
- 尽心尽责。关注每一项任务，衡量说“no”的门槛，将每一次说“yes”都转化为具体可行的计划。

- 专业地工作——运用最佳的实践经验、可重复的解决方案和辅助工具将工作专业化、业务专长化、专长扩大化。

将你每一天有限的时间区块投入专心致志的工作当中，一次完成一件列在“必须完成”事项清单上的具体任务。这些用于做具有高杠杆效益任务的时间区块也相应地被称为高杠杆时间区块。

在你开始认真尝试掌控时间之初，也许会遇到困难，这是因为你玩花式抛接球的杂耍习惯依然还在。你也许正忙着四处“灭火”，你不想让球落地，也不想让火势蔓延，所以，你不可能一下子便完全掌控住自己的时间。也许你应当早起一会儿为自己预留出完成高杠杆任务的时间，继而能够让自己拥有更多的时间。

逐步过渡。一次做好一件具有高杠杆效益的事。你预留给自己的高杠杆时间区块越多，你能够节省出来的时间也就越多，你能够在日程表上为自己“创造”出来的时间也就越多，你能够做完的工作自然也就越多。

我们一周有 168 小时，没有人能拥有更多的时间。但是，你可以创造出更多属于你自己的时间。具有高杠杆效益的工作犹如一个能够创造出更多时间的工厂，它应该是你开展工作的着力点。

如果刚开始你每日只有一个高杠杆的时间区块，怎么办呢？请在今天就为明天的行程表预留出这样的时间区块，仅 30 ～ 45 分钟即可。开始使用高杠杆的时间区块之后，为自己这一周的每一天都预留出这样的时间区块。专注使用，自然会看到令人惊讶的执行效果。你现在创造的时间区块越多，你之后拥有的时间区块就越多。

始终谨记：完成工作

有人说："沿路欣赏风景远比抵达目的地更重要。"是的，人生如旅，也许的确如此。但是，在工作中绝非如此。做工作就是要完成工作，完成永远比完美更重要。做完一件事，接着开始做下一件事，直至达到目标，有始有终。在工作上，我们要期待自己越来越出色，期待与他人一起发展得越来越好，这是一个彼此提携、互相成就的过程。将你与同事的关系建立在工作上，你的工作将越做越好，大家一起迎着未来的前景再次规划之后的合作。如何做到呢？我将在法则 6 中对此展开论述。

职场达人的 TIPS

THE ART OF BEING INDISPENSABLE AT WORK

- 不要做“杂耍演员”。一旦玩花式抛接球，球应声落地是迟早的事。一次只完成一件事，再开始做第二件事。
- 找出日程表上的空当，利用这些空当投入地完成某项任务。
- 将日程表上的空当转变为不受打扰的时间段。展开行动，获得实打实的劳动成果。即使它只是整体工作量的一小部分，但重在逐日累积。
- 将大任务拆解为小任务，然后开始创建每日“必须完成”清单。在今天不受干扰的时间区块，无论你准备做什么具体的工作，请完成它。
- 从创造高杠杆的时间区块开始。在这样的时间区块，你有效地阻止了问题的发生，启动了让某项工作能顺利进行的必要步骤，或激发出了某人或某物的生产力。

THE ART OF BEING INDISPENSABLE AT WORK

法则 6

职场友谊不可靠，渐入佳境的合作关系更能彼此成就

THE ART OF
BEING INDISPENSABLE
AT WORK

能够持续
提升工作关系的重点
在于及时地
总结经验、吸取教训。

我们一直都很清楚建立人际关系对一个人的成功至关重要，更何况是在今天这样需要大量协同合作的职场环境。人们常说："人是最宝贵的财富！"然而，当我们在工作中想要运用人际关系的力量时，一些有望成为职场达人的人却走错了方向。他们当中首先会出现一批操弄办公室政治的人。

指责者。爱指责别人的人通常会告诉所有人，某个人没有做对某件事（或者做得不全对），从而导致大家得到了次优的结果。沙恩在一家大型百货公司的化妆品柜台工作，他是一名特别擅长化妆的零售高手，总能将自己的这一特长转化为具体的销售数字。他不仅在销售纪录上一路领先，还乐于告诉每一个愿意听他说话的人，即使偶尔业务成绩不理想那也是别人的错，不是某个买家不识货，就是别的销售人员吓走了自己的顾客，又或是经理助理没有同意他想给出的折扣。总之，他想让包括上级在内的所有人明白，无论如何都是别人的错，和他沙恩没有半点儿关系。

具有讽刺意味的是，沙恩爱抱怨和推卸责任的习惯恰好暴露了他所在的百货公司在管理上存在的重大问题：如果员工们只知道伸手指责他人，那么整个公司怎么可能持续进步？

游说者。游说者总想和所有人诉说自己的需求：下一个大项目、新的工作地点、新的日程表、新的培训等，当然也包括升职和加薪。他们不仅爱为自己游说，也喜欢为他人游说。

玛吉是一名主管生产的经理。她总在和上级讲为什么她和她的团队劳苦功高，为什么他们需要更多的人力、物力和时间等各方面的资源支持才能赶上生产进度。玛吉还花了不少的功夫想让一些重要人物对她所带的团队青眼有加。从上级到上级的上级，再到更高级别的管理者，她一个也不放过。另外，只要有一口气，她就会将工作失误甩锅给别人；倘若有第二口气，她就开始提各种要求，尤其是当她想转移别人对她的团队所犯的某个错误的注意力的时候。

同指责者一样，游说者会片面强调对自己有利的因素。可是，如果你只是一味索求——“再多给我一点，再多给我的团队一点”，那么你的可信度必然下滑，而你在工作中面临的一些潜在问题却很可能仍然未被解决。

指责者和游说者都是典型的通过操弄办公室政治试图在工作上获得

人际关系能量的类型。指责者以推卸责任、在背后诋毁他人的方式做到这一点，而游说者则往往以利益交换、胁迫甚至威胁来满足自己（和他人）的要求，不论他们的威胁有多么隐晦。有时候，你也会看到游说者为了建立关系极尽阿谀奉承或施加恩惠之能事来讨好有权势的人。

比起操弄办公室政治，也许更常见的是许多有望成为职场达人的人试图通过私交来搭建人际网络。

过度交际型。这样的人总在试图建立浮于表面的私人关系。巴尼是一位负责物流运输的经理，可以说整个总部他无人不识，你只要收发过一次东西，他就会立马记住你的名字。每天早晨，他都会从自助餐厅到走廊再到每个人的工位遛一大圈。他会叫着你的名字和你打招呼，偶尔也会停下来和你聊几句，比如昨晚看的某个电视节目，或者自己看病的经过以及家里孩子参加的课外活动等。

巴尼好像总有时间和你一起喝杯咖啡或站在门外抽支烟，他就是那种别人一休息他就会出现在周围搭话的人。问题是，他像花蝴蝶一样飞来飞去，怎么可能有时间来提高工作质量，比如思考如何才能制订出更好的计划来确保物流系统顺畅运行呢？果然，一旦出现问题，他周遭的情形就会严重起来，而他以往东拉西扯的“关系”似乎完全派不上用场。当你的工作没有做好，当你的工作出现了问题，所谓的“关系”都会顿时化为乌有。

私交亲密型。顾名思义，他想和你建立深层次的个人关系。别误会，有时候你就是会和自己的同事成为至交好友，或者你就是在和自己的配偶、兄弟姐妹或表亲一起工作。这其中自有另外一套复杂的处理模式。但是，我现在讲的是一个人试图在工作中交朋友（比如一起吃午餐或下班后一起去喝酒），或是将工作关系发展延伸至下班后的私人空间（比如周末两家人一起出去玩）。

弗丽达就属于这种类型。她见谁都会主动停下来和对方分享自己“孩子”的照片，但她实际上并没有孩子。所谓的“孩子”其实是她另外一位同事的，但她总是将这个孩子的照片随身携带。如果能在职场交到知心好友，当然没问题，但是，你要清楚以下几点：

- 个人关系的亲密并不能帮助你做好计划、做好工作。
- 一旦工作出现问题，像弗丽达这样的“好朋友”可能会碍于情面不好让责任人担责或立马采取纠正措施。
- 有可能出现任人唯亲、搞小团体排挤他人的现象。

不论是过度交际型还是私交亲密型，他们都属于在职场上卖力搭建人际关系的类型。可惜，他们往往用力过猛，过犹不及。过度交际型的问题在于所谓的交情都过于浅薄，毫无实质内容可言。私交亲密型倒是忙着深交，以至于她和同事的彼此互信通常建立在与工作毫无关联的私人往来上，因此有可能错过其他有价值的工作关系。简而言之，所有的过度社交都会让人在工作中分心。（参见第 198 页“正确建立职场友谊”。）

你可能会说，这些在职场上拉关系或操弄办公室政治的人不都是在遵循以往流传下来的社会经验吗？我们不都是一直在强调人与人的关系在发生协同合作变革的当今职场是重中之重吗？

人际关系的困扰

如果你目前在某家组织机构中任职，那么你一定听过以下两句与协同合作的变革息息相关且广为流传的话：

> “人是我们最宝贵的财富！”
> “建立人际关系对你的成功至关重要！”

然而，一如我们刚才提及的“指责者”“游说者”及“过度交际”和“私交亲密”的类型，有太多有望成为职场达人的人在人际交往中走错了方向。他们将人与人在工作中建立的“工作关系”和办公室政治、个人的受欢迎程度甚至私人友情混为一谈，这是个巨大的错误。人际关系的不同方面都有其恰当的位置，但它们不足以让一个人更快更好地完成工作。

相反，它们会为工作带来负面影响。如果一个人在工作中将所有的时间精力都用来建立和维护人际关系，却未能与合作者在工作中建立起真正有效的定期沟通，大家反而无法保持步调一致，难以做好尽职的前期调查，难以进行具体的规划和付诸执行。这就意味着曾经出现过的错误可能会再次发生。另外，由于缺乏系统性的跟进环节，大家也很难就合作方式做出调整。

的确，与同事保持良好的关系是必要的，在办公室内进行互动也是必要的。可一旦工作出错，不论你将办公室政治玩得有多好，你和同事的私人交情有多深，你们之间的关系压力都会成倍增长。当你们开始彼此埋怨、互相指责时，你们的关系只会遭到破坏而非变得更加牢固，你曾经努力经营的关系也会随风飘散。当然，即使在相应的指责抱怨中也能得到一些关键信息。

那么，要如何利用办公室互动中好的方面及友善融洽的私人关系来建立稳固的人际关系，使自己成为不可或缺的核心员工呢？

首先，你要找到你与他人真正的连接点，即你与同事共同关注的工作任务本身。借由工作任务建立的人际互动不仅有助于工作的顺利推进，而且在出现失误时，你们的友好关系也不会突然消失不见。

请留意这种正向的人际关系与“过度交际”和“私交亲密”之间的区别。本书法则 1 中出现的那位擅长烘焙的康妮，你还有印象吗？每当她有批货要进行质检，她都会试图和质检部的负责人安德鲁拉关系套近乎。她每次都会烤一个布朗尼蛋糕送给整个质检部，这种做法让安德鲁很不舒服。于是，他决定通过与康妮建立真正的工作关系来实现有益于双方的互动。他帮助康妮充分了解质检的步骤和要求，以此确保她的货物在质量上毫无问题。

其次，通过工作表现树立威信。在对工作使命的坚持中，在与其他同事在指挥体系的互动过程中，你都可以通过自己踏实可靠的表现树立起工作威信。同样，请留意它与前文提及的“指责者”和“游说者”之间的区别。还记得我们在法则 1 中提到的急诊室的职场达人沃尔夫吗？她的真实影响力和她在同事中的权威完全来自她一心为他人服务的工作态度。沃尔夫身边的每一个人都知道她一言九鼎，因为她真心关心整个部门的工作使命，并能在工作关系上与其他同事保持一致。与沃尔夫共事的每一个人都希望她能获得更多的权力，因为他们知道沃尔夫会竭尽所能地帮助同事达成心愿。

我们理应以安德鲁和沃尔夫为榜样，在正确的方向上建立工作中的人际关系，让协同合作渐入佳境。个人私交或办公室政治都不能系统地、持续不断地提升日常的工作互动。

在当今职场，我们力图追求的是组织机构在各个层面上的不断进步，因此需要运用这些练习来持续不断地提升各个方位上的工作关系。

能够持续提升工作关系的重点在于及时地总结经验、吸取教训。这意味着当工作出现问题时，不要急于互相指责，推脱诿过；当工作进展顺利时，要欢心庆祝并及时地学习总结。

还有什么是比提升我们对“最宝贵的财富”的管理更重要的呢？

THE ART OF BEING INDISPENSABLE AT WORK

正确建立职场友谊

在工作中建立人际关系的出发点并不是去交朋友。我们的研究表明，职场友谊，尤其是你与上级或直系下属的友谊，往往会使工作关系复杂化。可以说，它有可能是一连串麻烦的来源。

不要通过工作之外的社交来建立或拉近工作关系。根据我们的研究，在工作之外与同事进行社交有利有弊。如果你想和同事在闲暇时光一起喝酒聊天，一起玩飞镖或谈心事，那是你的个人选择，但它们与你们之间的工作关系毫无关联。

当我强调“要在工作的连接中建立人际关系”时，我是指你要在具体的工作中与很多人建立连接，无论你们之间是什么样的工作关系。他们有可能成为你在组织结构内部最好的客户，成为你身边的职场达人。你也可能会成为对方在组织结构内部最好的客户。

工作可以结束，关系不能结束

在我访问过的每一个工作场所，我都会听到很多同事之间的欣赏和赞美：

> “这个人可真是太棒了。”

我也会听到不少针对某个人、某个团队或某个部门的抱怨：

> “再也不想和他一起工作了。”
>
> “如果下次还和他一起工作，我肯定会和这次的做法不一样。”

这些评论包含着非常重要的信息，评论的方式及其背后的一些细节恰恰点明了我们能够提升工作关系的要点。

如果工作已取得阶段性的成果，或者完成了整个项目，甚至产品已成功上市，那么庆祝和欢呼绝对不是故事的结尾，至少对你来说还不是。如果此时你能再往前迈一步，进行系统性的复盘和检视，那么你就会激发出一股可以持续提升工作关系的神奇魔力。

你需要回答一些基本问题：可以在哪些方面做得更好？如何改进工作流程？如何提升工作关系？然而，复盘和检视这一关键性的步骤在很多组织机构中并没有自然发生。事实上，有太多的组织机构在工作流程和工作清单上都没有设置如此重要的一环。人们总是迫不及待地奔赴下一个新项目。我能理解其中的缘由，因为人们会陷入一种工作的常规化模式，尤其是如果共事的还是同一拨人，他们理所当然地认为会一个项目接一个项目地一直做下去。

与之对应的是经由一次性的工作任务建立的一次性的工作关系。这种工作关系可能是周期性的、偶发的，甚至是出人意料的。一旦工作任务完成，大家会觉得刚刚搭建起来的工作关系也随之结束。换言之，一次性的工作关系会让人忘记思考再次合作的可能性。

以上这两种情况，不论是熟人合作还是“一锤子买卖”，都会让人错失提升工作关系的机会。

事实上，即使是再熟悉的人，他们的工作关系也始终有提升空间，不论我们是否意识到这一点。如果不进行复盘和总结，我们就不会知道能在哪方面得到提升。

对于那些一次性的合作关系，大家在具体的合作项目之外并无交集。所以，请不要自欺欺人地说以后还有机会，等下一次再来调整。

简而言之，我们在工作完成时需要一定的自律和坚持来做好复盘、检视和总结的工作。这意味着你在工作互动结束后仍然应该与合作方保持联络，一同跟进，直至下一次有可能的合作。

让合作渐入佳境的 3 个步骤

持续跟进是职场达人为了定期地、不间断地提升工作关系而采取的一种工作方式。所谓跟进意味着：

- 共同庆祝任务的完成，真诚感谢对方的付出。
- 检视此次合作的成效，并以此为基础总结经验，进行微调。
- 为下一次的合作做好规划。

第 1 步：写一封带有签名的感谢信

职场上不同层级的人都和我说过："我们很少会停下来就以往所取得的劳动成果好好地庆祝一番。"实际上，庆祝和感谢是我们持续提升工作关系的第一步。缺少这个步骤会让参与者感到失落和心寒，他们会自问付出的意义，甚至开始怀疑既然劳动成果没人看得见，那为什么还要积极付出。

这的确是一个问题。人们在回顾过往的付出和努力时一定会心生赞叹。很多人在工作出现问题时会花时间指责和抱怨他人，却不能在工作顺利时花时间表达感谢。

造成这种情况的一个原因是很多组织结构几乎没有大家一起庆祝工作顺利完成的安排。大部分的安排都与如何扫尾和准备下一步的计划息息相关，这或多或少给人一种工作永无止境的感觉。实际上，大家停下来对业已取得的成就一同庆贺并互相感谢是至关重要的。即使整个项目尚未完成，大家也可以在中间的节点进行庆祝，而后再携手向前迈进。

庆祝可以有多种多样的方式。如果某个团队完成了某个项目第一阶段的工作，那么管理层至少应该对大家的工作表现予以认可。认可的方式可以是提名本月最佳员工或在季度例会上口头表扬，也可以是大家一起吃顿比萨，击掌庆祝。

真正的职场达人一定会在工作任务完成时对他人的付出表达感谢。在我合作过的很多组织机构中，我看到人们以多种正式或非正式的方式传达谢意。

正式的方式。有一些部门在这方面做得要好一些，比如销售部在衡量和奖励特定目标（如利润）的方面就做得很好。销售部在给予员工高度认可并表达感谢的方面一直是一个好榜样，如果你的销售成绩亮眼，那么你一定会获得关注。销售部通常会按员工的销售成绩进行排名，排名靠前的销售人员一定会获得奖状证书、总裁俱乐部的会员资格、手表、假期旅行或最常见的现金奖励。

然而即使是销售人员，也不是所有的付出和努力都可以量化评价。受一些外在的客观因素影响，销售人员并非总能掌控好最高的或最低的销售纪录。所以对他们来说，提出好的问题、善用正确的信息来培养客户关系，即使不能立竿见影地提升销售业绩，长此以往也一定会有所突破。

对于那些有价值却很难量化的劳动成果，要如何在组织机构中加以认可呢？首先，经理或部门主管应该对工作表现的不同面向都有所了解，例如，可以让销售人员跟踪记录自己的绩效，或随机听取他与客户通话的录音，由此对一些无法量化的出色表现予以认可。

根据我的观察，大多数高效运作的销售部门都做到了这一点。其中有一个销售部每周都会要求自己的员工在工作时使用本周确定的主题词、关键问题或其他相关信息。他们对每一通销售电话进行录音，总有一些人对关键问题的处理让人眼前一亮。他们鼓励同事间互听录音，彼此学习。在这个过程中，大家会由衷地赞叹："哇，这个问题提得好！"或者："这个信息传递得很明确。"人们乐于获得他人的评价，也乐于给出自己的评价。这种同事之间的互相认可虽形式简单，却成为这个销售部的文化核心。

美国的军队在这方面也做得不错。基于清晰的评判标准，美国军人在获得晋升时会有授予奖章的晋升仪式。同时，美国军队中会发行一种"挑战币"或"指挥币"，这是一种表达认可和感谢的方式。这类硬币的发行不需要国会法案或指挥链上层的批准，相反，指挥级别的军官可以出于任何理由将有其个人设计特色的纪念硬币颁发给任何个人。这是一种实时的、个人的甚至是私人的表达认可和感谢的方式。军人都将获得的"挑战币"或"指挥币"视如珍宝，永久珍藏，并引以为傲。

过去数年，每当我在军队中面向一群军事领导人成功介绍我们的研究成果或发表演讲、举办讲座之后，我都会收到他们馈赠的“挑战币”或“指挥币”。它们对我而言也是价值非凡。可以说，他们灵活地运用了硬币的价值。就我个人而言，我从未参过军，从未有幸穿过任何一套军队制服。所以，当指挥官们用象征军队荣誉的硬币表达他们对我的认可和感谢时，无论是在当时还是多年以后的今天，它们对我都意义重大，其价值也远超当时获得的报酬。

这种正式地表达认可和感谢的方式，无论是出自个人还是组织机构，都很重要。接受的一方一定会心存感念。可惜，大多数组织机构在这方面做得并不好。因此无论你身处何方，请在能力范围之内尽可能地优化你所在的组织机构正式地表达认可和感谢的方式。

非正式的方式。我们再次以美国军队为例。美国军队中有大量的非正式的表达认可和感谢的方式，例如表现良好的新兵可以免去做俯卧撑或打扫卫生间，长期以来业务表现出色、军事训练优异的人员会获得嘉奖或在同级中获得非正式领导权的机会。

这是军队中有一定军衔的军人对他人进行非正式奖励的例子。可是，如果你在军队中并无军衔，或在其他组织机构中并无级别，你可以怎么做呢？事实上，你也可以找到合适的方式对经常与你共事的人表达自己的感谢，也许是因为对方的工作很重要，而且在时不时地帮助你完成任务或解决问题。

你可能无权让他人休假或是给对方某个特殊的安排，但是你仍然能够表达感谢。请将“谢谢你”挂在嘴边。你有没有这样做？“谢谢你”和“请”一样，都是古老的习惯用语。但是，我担心很多人会认为它们已经过时了，他们即使这么说了，也大都在敷衍了事。

在水平线和斜线的工作关系中，一句真诚的“谢谢你”极为珍贵。通常在这种工作关系中，由于双方对彼此需要应对的挑战都认识不足，所以易于产生失望和挫败的情绪。

一如抱怨和指责会让人心生不悦，“谢谢你”会让人如沐春风，赞赏和感谢就是“不屑滋生不屑”的反面。如果你轻视他人的劳动，对方自然在心理上也会无视你的意见，更不会希望你做强做大。相反，如果你对他人的付出表达出理解和欣赏之情，那么对方在心理上不仅会更加尊重你的意见，还会想加重你在别人眼中的分量。换言之，感谢和欣赏也必然会滋养出感谢和欣赏。

当然，如果可以，请不要每次只有“谢谢你”三个字。你可以有更多的表达方式。我遇到过一个思虑周全、善于表达谢意的人，他有一个看上去形式简单却能量巨大的表达感谢的小技巧，他自豪地称之为“我的超声速式谢谢你”。他说：

> “我会专门给要感谢的人写一封邮件，其中会说明他们已完成的具体事例。这就像一份颁奖致辞，几个要点就已说明一切。我会在

发送对方的同时抄送给他们的上级、上级的上级，我的上级和我上级的上级。我还会抄送给负责公司通信简报的部门和对方的人力资源部门。我不仅发了电子邮件，还会将列有抄送名单的邮件正式打印出来送给对方。这样，对方就可以看到我向所有相关的人或部门在表达我对他工作的认可和感谢。我遇到的很多合作者都会把我的感谢信张贴在自己的公告板上甚或装裱起来。”

这的确是一个管理者应当有的样子。当然，你无须等到做了管理者才去写这样超声速的感谢信。你完全可以代表自己，将你的感谢信写成一份对他人的公开赞扬。

你也可以另辟蹊径。你可以写一封带有个人签名的感谢信。这就好比你自己颁发的“挑战币”。**一份几乎不花钱的感谢信能在工作中、在生活中增加很多的善意和暖流。**（参见“表达感谢的 6 个要点”。）

表达感谢的 6 个要点

怀抱真心实意的感谢之情，做到以下几点：

1. 关注他人。向外关注并关心与你有工作互动的其他人。

2. 记录。对他人在工作互动过程中为你们的连接与交往增值的行为和举动予以记录。

3. 留出感谢的时间。给自己一些时间为他人的辛苦付出以及他们在工作过程中所表现出来的技能、态度和贡献心怀感恩，并积极赞赏对方做得非常出色的部分。

4. 选取一个特别之处。面对与你有工作互动的每一个人，仔细回想并挑选出你最欣赏对方的一个方面，进而对自己描述你所欣赏的具体是什么以及为什么。

5. 表达。在恰当的时机，向对方精准表达你所欣赏的具体内容及原因。

6. 最后，真心实意地说一句："谢谢你！"

真正富有效能的表达需要具体到说出对方的付出以及他的付出所产生的价值或影响。如果你想要提升自己表达感谢的层级，可以选择将感激之情付诸文字，或在一个恰当的时机，在小组会议或其他公开的场合口头表达。

人们有时会和我说："我每天要和很多人打交道，有时很难留意到别人做了什么，更别说有时间专门去表达感谢了。"的确，我们的工作和生活始终在高速运转，怎么才能有时间专门停下来为某一件事表达认可和感谢呢？

有一个方法是每日写一份"感谢清单"。可以在清晨或睡前仔细回想并记录下自己想要感谢的人和事，你平常在工作或日常生活中并没有多加留意的某个人会一下子浮出脑海：当你不在家时，一名快递员小心翼翼地将你的包裹放置在一个别人看不到的角落；你的某位同事每次开会都会主动做会议记录。他们都值得你衷心地感谢。如果你想到了，不论用什么方式，都要表达出来。

在当今职场，由于人们在协同合作的工作关系中缺乏赏罚的权力，所以很难在与那么多人打交道的过程中进行追责，大家也因此倍感疲累。一声"谢谢你"是你不需要任何官方认可、能够随时给予他人的一种回报。

这么做会产生一份额外收益，那就是会让对方想要再次与你合作。这也是戴尔·卡耐基在他的经典之作《人性的弱点》[①]中所说的"给他人一个好名声"。你也可以在这个过程中让更多的人成长为职场达人。

---

① 《人性的弱点》（*How to Win Friends and Influence People*）是美国著名人际关系学大师戴尔·卡耐基于 1936 年出版的著作。——编者注

第 2 步：检视和微调你的工作方式

如果我们能够把在工作当中产生的各种抱怨和指责转化为持续不断的提升和进步，那么大家协同合作的成效该有多好。当然，即使是在合作顺畅的职场环境中，我们依然有进一步提升的空间。

每当你心里想“我要是早知道甲乙丙丁就好了”或者“下一次我应该做好一二三四”时，你对工作加以改进的机会就来了。切记它们是不可错过的提升良机。首先请将想到的全部写下来，继而充分地讨论，最终形成明确的提升意见。

这就是职场达人的做事方式。每完成一个重大的任务或项目，他们都会进行复盘和检视，促使大家不断进步。

事后复盘和检视应该成为你工作流程的一部分。你需要对事情发生的过程、缘由以及对错进行结构性的整体分析和总结，并对日后如何提升和改进加以思考：

- 刚才的那通销售电话聊得怎么样？
- 我是不是过早地切入了正题？
- 刚才是否有机会问一些合适的问题？
- 刚才是否有机会给对方传递一些正确的信息？

- 也许我应该在那个时候再切入正题？

- 下一次如何才能做得更好？

在美国，事后复盘和检视的工作方式最早源于军队中，它很快就在美国各大军事和情报机构中被广泛运用。今天，有越来越多的私营机构也开始依靠事后复盘和检视来保持进步。

事后复盘和检视的方式可以是正式的，也可以是非正式的。或许，你会参加一个正式的项目回顾或总结经验教训的专项会议，工作团队的所有成员都要在会上对工作体系、实践操作和个人能力进行检视，总结出大家在各方面有待提高的要点。

或许，你会在某个项目进行期间或事后参与非正式的有关如何提高工作成效的讨论。在一个有复盘和检视传统的组织机构中，工作人员通常习惯于实时总结经验教训。

举例来说，如果某个团队正在针对某个特定行动或任务进行培训，那么最好根据虚拟场景进行多次反复的练习。在练习间隙就可以实时检视，进行微调以确保团队合作顺利进行。尤其要留意每一名成员的工作角色。这种快速的、非正式的检视和总结将会提高整个团队的训练效果。

再来看某一支运动队某一天反复训练的场景。他们会时不时地停下来纠错和总结，以此稳步提升每一名运动员的表现。有可能他们在比赛进行到一半时就已获胜。比赛期间，各队都会叫暂停，以及时回顾和讨论刚才的表现，做出调整，以便接下来有更好的表现。

事后检视的重点在于回顾之前的经验，提升整个团队之后的表现。检视的过程与具体参与者的行为紧密相关，可以询问以下这些问题：

- 与实际结果相比，我的决定和行动的预期结果是什么？
- 我做出了哪些决定，采纳了哪些措施？
- 我原本应该做出哪些更好的决定，采纳哪些更好的措施？

如果你所在的团队常年稳定且反复从事同样的工作，那么你们有必要定期停下来进行复盘和检视。在不断创新和生产的过程中，这是一个可以提升工作品质的经典方法。在检视中最常问的问题是：

- 什么需要停止？
- 什么应该继续？
- 什么需要开始？

想象一下这些回顾和反思对目前工作的影响。在每一个工作阶段的节点和整个项目完结时进行复盘和检视有利于为下一个项目的展开做好准备。

将事后复盘和检视培养成你的一种工作习惯。即使你所在的组织机构不这样做，即使你的上级、你所在团队的其他成员也不这样做，你也应该自我反思和分析。**有时自我反思和分析是自我成长的重要一环。吸取以往的经验教训是成长为职场达人的根本路径。**

事后的检视不必又长又慢，相反，它可以很迅速。一旦工作中出现问题，请不要互相指责，而是及时思考：错误是如何发生的？谁在什么时候在哪里做了什么，为什么这么做？

工作进展顺利时也可以及时总结。当你和自己的同事或团队谈及某个想法时，并不一定非得是长篇大论。你可以围绕着以下几个问题来简要说明：

- 发生了什么？
- 为什么会发生？
- 做对了什么？
- 哪里出错了？
- 下一次可以怎么做？

如果想要深入讨论，可以接着问：

- 之前的预期结果是什么？
- 实际结果呢？
- 采取了哪些决定和措施？
- 原本可以有哪些更好的决定和措施？
- 结果是否会不一样？

显然，如果你与同事定期进行回顾和检视，你会发现自己的工作成效越来越好。你对他们的既往表现和未来的发展会有更加明晰的认识。你不仅认识到要如何才能与对方更好地合作，而且也了解到要如何与其他情况类似的同事进行合作。几乎可以肯定的是，通过与他人持续对话进行自我反思，你将在很多方面学会如何更好地工作。

一旦养成事后复盘和检视的习惯，你将与经常共事的同事一道建立起对共同进步的期望和承诺。你会向对方传递出一个强有力的有关你的承诺、你的服务和再次合作的积极信号："来，让我们共同努力，协同合作，渐入佳境。"很多人会因此想要与你持续合作。

第 3 步：提前规划下一次合作

让我们首先假设，在你阅读并采纳以上列举的一些建议之后，有更多的人想要与你再次合作。

我们持续提升工作关系的最后一环就是为了日后能有再次合作的机会。但是，对于那些你发誓再也不想合作的人，要如何应对呢？无论你内心作何感想，你首先都不应该让对方放弃想与你再次合作的想法。因此，不要吝惜自己的赞美和感谢，也不要有意忽略事后的复盘和检视。当然，这样做并不意味着当对方再次提出合作请求时，你一定要予以配合。

减少与自己不想合作的人再次共事的概率的一个途径就是与自己想合作的人再次合作。为此，你需要提前规划。在每一次工作互动或合作结束时，你最好能够环顾四周，为你们的再次合作寻找机会。

如果情况相反，想要此次合作后不再共事，那么你也需要在与对方分道扬镳前提早规划。如果你特别想避开某个人或某个团队，那么你最好提前预估对方可能会何时再来找你。当然，理想的状况是能与每一位合作者保持良好的互动。尽管某一次感觉不好，但是很难讲你们不会再次合作。

我们在每一段工作关系结束前提前规划就是为了能主动设计自己之后的日程安排，尽可能地与想要合作的人共事。他们就是你的优质客户，你们之间合作顺畅，成果丰硕。你知道如何与对方定期沟通，保持步调一致，知道如何一起做出正确的决定，知道如何遵循以往的最佳实践经验，使用可重复的解决方案，快速有效地完成大量的工作任务。你们彼此欣赏，互相感谢，共同致力于不断提升工作关系。

因此你需要提前规划，让自己尽可能有时间和对方继续合作。当然，对方也会为了与你再次合作而预留出自己的时间。

彼此增值，互相成就

随着你能够与越来越多的人协同合作，你自然会成为很多人心目中的优质客户和职场达人。

你的目标显然不是在工作中建立一个朋友圈或是形成一个排挤他人的小团体，而是拥有更多你知道要如何合作的客户，以及培养出更多懂得如何与你合作的职场达人。事实上，他们通常是同一批人。请留意：协同合作既不是人气比赛，也不是等价交换。

职场达人永远不嫌多，心仪的客户也永远不嫌多。

这是一种不断盘旋上升的正能量，我称之为“职场达人主义”或“在团队中不可或缺的艺术”。请仔细阅读本书的法则 7，切实了解如何才能建立具有真实影响力的盘旋上升的工作关系。它是一股彼此增值、互相成就的巨大能量，是一股让双方都成为不可或缺的核心员工的巨大能量。

职场达人的 TIPS

THE ART OF BEING INDISPENSABLE AT WORK

- 人际关系最好的模式，同时也是保护你与同事个人关系的最佳方式，就是专注于工作本身。
- 职场达人的友谊理应：通过关注共同的工作任务来搭建和培养工作关系；通过踏实可靠的服务精神建立长久的工作威信。
- 持续提升工作关系，让合作渐入佳境的 3 个步骤是：庆祝任务完成，真心感谢对方；检视并微调工作方式；提前规划下一次合作。

THE ART OF BEING INDISPENSABLE AT WORK

法则 7

一个职场达人是不够的，人人都要成为职场达人

THE ART OF
BEING INDISPENSABLE
AT WORK

任何团队在创建之初
就应该培养一种
追求职场达人主义、
追求每一位员工在工作中
不可或缺的团队文化

过去数十年，戴夫·克里斯琴森（Dave Christiansen）一直担任堪萨斯中部合作社（Mid-Kansas Coop）的总裁及首席执行官，这是一家价值数十亿美元的农业合作社。他说自己在看到迪士尼公司的员工表现后才真切领略到企业文化的力量。他特别喜欢讲述下面的故事，这是一个经典的有关职场达人主义的例子。

克里斯琴森有一次在迪士尼游玩时注意到园区里的一名普通员工。她在后台工作，与绚烂的灰姑娘城堡的灯光、精心装扮的舞台布景和各种游乐设施相距甚远。她是一名在园区内一家迪士尼酒店工作的客房服务员。这是一个辛苦却并不起眼的岗位，但她始终面带微笑。

克里斯琴森回忆道："我问她，你今天过得怎么样呀？她说：'特别棒！'"她接下来的一番话让克里斯琴森多年来一直念念不忘，"她说自己的工作在整个园区都是最重要的。”

为什么呢？她对克里斯琴森说：“大家晚上都会回到自己的房间。当大家打开被子，躺在干净如新、柔软舒适的床单和枕套上，一定能睡一个安稳觉。这可是迪士尼乐园留给每个人入睡前的最后印象。”

这名客房服务员在言谈间流露出来的那份自豪感让克里斯琴森记忆犹新。“就在那一刻，我认识到如果能把这种文化带入我所管理的公司，那一定影响巨大。事实证明也的确如此。”克里斯琴森后来不断派遣自己公司的管理团队到迪士尼参观访问，学习对方的服务理念和服务品质。

当然，引入迪士尼级别的企业文化绝非易事，很多公司的尝试都以失败告终。那么，克里斯琴森过去数十年来的成功秘诀是什么呢？“我一直认为我的每一位员工从上班的第一天开始就满怀热情。他们想要努力工作，想要有所作为。他们想要找到一个真心佩服且尊敬的工作榜样加以效仿。他们想要知道什么样的工作算是出色的工作，如何衡量工作成绩，也想要知道你作为上级会有什么样的评价标准，更想要确认‘对谁而言我很重要’。”

克里斯琴森让每一位员工从上班的第一天开始就直接感受到自己对公司的价值。“管理者在构建强有力的企业文化方面扮演着至关重要的角色，”他说，“不过这里有一个先决条件，即管理者能够将模糊的价值观转化为员工可以付诸行动的具体措施。”举例来说，克里斯琴森想推动创新性和创造力成为公司文化的一部分，那么他就会通过不断地强调说明和具体的奖励措施让不同层级的员工充分认识到这一点。

克里斯琴森说："我们也一直在寻找那些乐意帮助他人成长的人。他们的角色就好比教练或者教师。"克里斯琴森鼓励公司的管理层发现每一位员工的才能和工作兴趣，并以此来对他们的岗位描述做出调整。每一位员工对公司来说都是不可或缺的。"我们会帮助他们清晰定位并理解自己对公司的价值。"

克里斯琴森指出，如果你想要做到这一点，你就需要充分地了解你的员工。"他们各自的技能和优势是什么？留住人才的关键就在于你能为对方提供舞台，能够为他提供参与行业发展、获得行业认可的机会。这一点意义巨大。"而且，你要让有高度发展潜力的员工参与一些特殊项目，以此考察和锻炼他们的应对能力。"也应该给他们机会指导和引导其他同事。有高度发展潜力的员工之间也应该加强互动，共同面对挑战，大胆创新。有一些人就是能让你看到他们的与众不同之处。"

他接着说："要发现心中有使命感的人，给他们机会。我们会看到他们为了心中的梦想努力付出的全过程。我们要帮他们找到理想与现实的连接点，要善用这种内在的驱动力，给予他们支持和引导。"

克里斯琴森正是以这种方式在堪萨斯中部合作社建立起一种提倡职场达人主义的文化氛围。他这么做的原因在于他清楚地知道职场达人主义是能够在经纬交错、权责不清的模糊地带有效工作的制胜法宝。

要如何在你所在的组织结构中培养和推行职场达人主义呢?

当每个人都成为职场达人

我认为成为团队中不可或缺的人的核心是要鼓励每个人都成为职场达人，进而形成一种彼此成就的盘旋上升的正能量。它让你能够在每一段与他人协同合作的工作关系中提升真实影响力且彼此增值。如果在你所在的组织机构中(无论规模大小)，每位员工(无论台前幕后)都和本章开篇提到的那名迪士尼酒店的客房服务员一样爱岗敬业，那么在组织机构内部必然会形成一个人人受益的良性循环，大家工作出色，合作顺畅。

职场达人主义既是一种工作哲学，也是一种工作方式。它让你以一种独特的思考及行为方式来面对这个世界。想要真正地理解和接纳这种工作哲学，你首先需要认可真实影响力的特殊计算公式，即持之以恒地为他人服务，让自己对他人而言极具价值，赢得人人称颂的好口碑。相应地，他人会因此乐意为你做事并善用你的时间。

究竟什么是职场达人的行为方式呢?首先，他们不会来者不拒、有求必应。他不会为所有人或是基于某个特殊的理由为某一个人做所有事。能否让他人增值是职场达人为他人做事的选择标准。他们所做的往往不多不少，恰好足以体现他们诚实可靠的工作品质、聪明高效的工作方式和有始有终的工作态度。

这是否意味着每个人都有望成为职场达人呢？我不知道为什么不可以。为什么在你所在的组织机构中会有人可有可无呢？假设你说："我是和他一起工作。可是，你不会想跟他合作的。"我们为什么不能将这句话变作："没错，我的同事个个都是职场达人，你找谁都没问题。"倘若如此，大家一起工作的氛围和效果岂不是更好吗？这理应是我们在职场努力追求的目标。

以这种方式工作的团队通常被称为"不可或缺的团队"。简而言之，任何团队在创建之初就应该培养一种追求职场达人主义、追求每一位员工在工作中不可或缺的团队文化。

职场达人会"传染"

我曾有幸为包括美国特种作战部队在内的美国军队中的专业人士服务，成为他们的研究员、咨询师和培训师。我服务过的对象包括美国陆军特种部队、美国海军海豹突击队、美国海军陆战队武装侦察部队和美国空军特种作战部队。可以说，每支队伍的成员都是精英中的精英。他们凭借强劲的团队精神和牺牲精神、强有力的信心和强大的技能令人印象深刻。

但是，这些团队的一大共性就是排他性。也就是说，他们之所以是他们，就在于他们不是其他人。其他人无法加入就说明其资历不够。

筛选、排他显然是这些组织机构的底色。培训和考核由一系列特殊的筛选项目组成，最终的入选率也非常之低。一旦入选，受训者要面对极其严格的训练要求，其中包括各种与身体、心理和情感相关的训练课程，以及各种不间断的训练和考核项目。

以海豹突击队为例，队员的最终合格通过率大概只有 1/5。“海豹突击队队员”这个名号就意味着只有极少数人才能成为其中的一员。当然，还有众多的组织机构或团体有着极高难度的选择标准，例如美国哈佛大学、美国各州的律师协会、每一所医学院、每一种运动项目的大联盟赛和通用电气公司的审计项目等。再以全球知名的咨询公司麦肯锡为例。有多少毕业生，比如哈佛的毕业生，都梦想着能够进入麦肯锡工作。美国的汽车租赁公司“企业租车”（Enterprise Rent-A-Car）对新员工有着长达 30 天、60 天和 90 天的试用考核期，甚至在 180 天后还有一个被人们戏称为“烧烤架”的大考试。

人们常说，在这样的优秀组织中，“最困难的一步是进入”。成为其中一员就意味着你会遇到同样出色的同伴。于是，如果你想继续领先，不犯错误，那么你就需要花费心力努力付出。对于一个精英云集的高水准团队来说，由于不需要花费时间和精力弥补低绩效者造成的差距，所以想要保持团队出色就更为容易。优秀的团队成员在互相帮助和激励的氛围中必将使前进的每一步都相当精彩。

如果你现在是或曾经是优秀团队的一员，那么你就如同获得了一份永久性的资质认可。你与那些在顶峰相遇的人合作共事的经历会让你获得对你整个职业生涯、整个人生而言都无比宝贵的知识、技能、经验、人际关系和工作记忆。

在精英云集的群体中有意建立一种职场达人主义的文化氛围是完全可能的。在人人追求卓越、想要成为职场达人的过程中，成功自然是水到渠成。

如果你所在的组织机构中缺乏这种氛围，追求卓越的职场达人也并未受到追捧，那么请从我列举的事例中获取信心，因为职场达人主义是完全可以被引入并建立的。

总有人想要做到最好

优秀这个概念从来都是相对的。即使在精英荟萃的地方，也一定是山外有山，人外有人，所以，总会有人在人才聚集的职场中脱颖而出。这个人通常在大家的心目中信誉度最高，他能按时、按要求以最小的工作压力满足他人的需求，他能激发出自己和他人身上最美好的一面。

这个人为什么不能是你呢？如果你是某个优秀团队中的一员，请先为此高呼三声。你要充分地汲取营养，武装自己。在一个追求卓越的文化氛围里，表现出色将会变得更容易。这恰恰是企业文化的力量。还是那句老话，在一个优秀团队中，你的位置在何处，是在打前卫还是打后卫？为什么不继续努力，成为精英团队里不可或缺的成员呢？无论你身处何职，请以一种积极健康的态度又快又好地完成每日的工作。回想一下我们在法则 1 中认识的那名急诊科护士沃尔夫。由于工作的特殊性，急诊室的医疗团队通常都是精英团队。然而，沃尔夫依然从各个方位的工作关系中脱颖而出。她出色的判断力使她在每一次做决定时都敢于突破常规。她是团队中人人都想合作的职场达人，是整个优秀团队中最优秀的那一位。（参见“避免‘拉帮结派’的 2 个原则”。）

THE ART OF BEING INDISPENSABLE AT WORK

避免“拉帮结派”的 2 个原则

职场达人自有其标准和范围，这会将某一些人排除在外。职场达人之间会形成一个互助的网络，但遗憾的是，这种合作关系有时在职场中却呈现出某种拉帮结派的态势，带来负面的影响。“派系小团体”主要有以下几个特点：

- 团体以亲疏关系而非工作表现作为接纳标准。
- 团体内的人不再愿意为团体外的人提供帮助。
- 团体内的人不再愿意寻求团体外的人的支持。

尽管小团体也许并非有意为之，但团体外的人有时还是会感受到被排斥的滋味。在一家金融服务公司的营销部有一个五人团队。他们五个人经常一起吃午餐，且几乎从不邀请他人。结果，营销部里的其他人感到自己被排斥在外，对他们五个滋生出了不必要的恶意。

你可能会说：“哎，等等，一起吃午餐增加互动或是和自己脾气相投的人定期见面聊天，这有什么问题吗？团队精神强大，大家抱团取暖，彼此支持，不行吗？”

这么想一点儿也没错。那么在你所在的团队或人际网络中，如何才能避免具有负面效应的“拉帮结派”呢？请仔细考虑以下两个原则。

欢迎做事的人

小时候，我们家隔壁的隔壁住着一个名叫戴维·卡茨的男人，他的两个孩子是我要好的朋友。他就是那种典型的特别出色的人，他是好公民、好邻居、好父亲、好朋友，总之，只要你能想到的他都做到了极致。他做任何事都全力以赴，还会鼓励和带动周围其他的人。

可惜，卡茨在 1998 年英年早逝，我们全家参加了他的葬礼。卡茨是一名犹太人。犹太人有亲手埋葬亲人的传统。那天，当卡茨的灵柩被缓缓地放入墓穴后，他所有到场的亲人们一个接一个地将手中的一抔黄土撒在了他的棺木上。到了最后掩埋的时刻，他的孩子和挚友们拿起了放在一侧的铁铲。

我双眼含泪，一动不动地站在那里。我不知道自己是不是卡茨的至交好友。突然，我感觉自己听到卡茨的声音，他说："来吧，图尔甘，拿起铁铲！"我拿起铁铲的那一刻，我知道我就是他的至交好友。

很多组织机构内人际网络的管理者都给我讲过类似的故事。他们中的一位曾对我说："嗯，如果非要说这是一个小团体，那么我可以保证：无论是谁，只要你能独当一面，我都欢迎。"

你所在的圈子或职场达人的人际网络是否欢迎他人加入呢？我觉得理应欢迎，只要有人愿意拿起铲子做好自己的分内事。

多样化和交叉互动

一个非正式团体的"头目"告诉我："我不知道我们算不算一个小团体。如果算，那也没什么。我身在其中，我是多样化的，是可以交叉互动的。我想在团体中贡献出自己的价值，也乐意牵线搭桥，介绍大家互相认识。”

这恰恰是职场达人主义的内涵：在自己成为一名职场达人的同时，能够按需求随时找到其他合适的职场达人，并且一有机会就培养其他人成长为职场达人。

“不可或缺”从来都是对他人而言的。你对谁而言是不可或缺的呢？你理应对尽可能多的人而言是不可或缺的，尤其是对你的优质客户和其他与你有互动的职场达人而言。简而言之，让自己对尽可能多的人有价值，展开多元化的交叉互动，由此形成一股盘旋上升的正能量。

缺乏职场达人主义文化

如果你不是一名海豹突击队队员，也不是某个精英团队的成员，那你如何有望进行高水准的工作呢？毕竟，有些公司就是缺乏支持高水准工作的各种资源。它们无法吸引优秀的人才，没有配套的选拔流程、培训评估或培养人才的管理机制，也没有组建优秀团队的土壤。如果你身处其中，那么任何想要成长为职场达人的愿望都好似一厢情愿地逆流而上。

或者，你也许正在面临一些其他的阻碍。假设在你所在的组织机构中，总有一些低绩效的员工引发各种问题，结果高绩效的员工不得不花费大量的时间和精力去补救，而原本这些时间和精力可以用来培养新一代的职场达人。或者，有人看到你努力工作反而心生不悦，他们会说："嘿，那么努力干吗？你这样不就显得我太糟糕了嘛。"

引发这些问题的原因很简单，即在某些组织机构中高绩效、高水准的工作并没有得到高回报，正所谓"干好干坏一个样"。

另外，"宁做鸡头不做凤尾"也自有它的道理。如果你不是某个精英团队（譬如海豹突击队）的一员，那么你升迁的过程可能会相对容易很多。只要你时时处处按照职场达人的标准来要求自己，那么你就会成长为不断增值、为他人服务、努力工作且易于合作的人。在你个人的影响范围之内，你会让自己和他人都变得越来越好。

当然，有人会说："选择成为职场达人就意味着要多付出，多做事，可能没有任何特别的回报，甚至还会因为其他人拖后腿而受到惩罚，这岂不是不公平？这么做一点儿也不明智。"

希望你不会受到这种言论的影响。如果有人说"嘿，你可慢着点儿，你这么快岂不是显得我太慢了"，那么他显然不是你的榜样。

职场达人有其特殊的有关真实影响力的计算公式，你要对此内心笃定。无论是从现在还是长远的角度来看，坚持不懈地为他人服务都是一个人实现自我价值并建立好名声的唯一途径。尽管会有人不以为然甚至心生不满，但是会有更多的人看到你所做的一切。你会使整个组织机构对包括你在内的所有员工都更有价值。一定要记得真实影响力的计算公式就是那么独树一帜。

所以，即使在不思进取的人群中你是唯一的职场达人，也请选择做好这个唯一。**请独自前行，不要停下脚步，对你而言，你一直做最好的自己，你的努力也会带动周围其他人的发展。个人的出色将提升整个部门或团队的门槛和标准。**

如果放眼望去，目光所及之处，只有你一个人鹤立鸡群，那么我觉得可能会发生以下三种情况：

- 你所在的组织机构迟早溃散，但你在工作的过程中得到了历练和成长。你没有像其他低绩效者一样浪费自己的时间和精力。
- 你晋升为部门或整个组织机构的负责人。
- 你很快发现在组织机构中你并非唯一的职场达人。在不断努力、追求卓越的过程中，你吸引了一批志同道合的人。你在组织机构内部发起了自我改变的运动。职场达人就如同磁铁一般互相吸引。

因此，尽管你所在的团队并非精英团队，但你也绝非唯一的职场达人，你会发现在你的周围有比你想象中多得多的具有潜力的优秀人才。

当你在工作中展现出自己最好的一面，那么无论你在哪里、做什么工作，你都会激发出他人最好的一面。很快，你就会发现他们反过来又会激发出你更好的一面。

这就是我们之前一直在讲的盘旋上升的正能量。你们会在一个平庸的职场环境中形成一个互相成就的出色团队。多年来，我亲眼见证了这一点：职场达人之间总会形成一个互相信赖的圈子或网络。

职场达人的人际网络有时会呈现出团队或项目的形态，有时则是一种松散的联盟形态，当需要时他们互相提供正式或非正式的帮助和支持。

我曾在一家合作过的非营利组织中看到过这种形态。在这家非营利组织中，一小群志同道合的人建立起了一个不断发展的小联盟，其成员来自不同部门，最初的目的是新项目进行头脑风暴，但最后成为一个对彼此有益的职场达人的人际网络。（参见第 235 页“培养职场达人主义的关键”。）

助人即助己

职场达人主义传递出一种基本的价值观：想要在工作中变得不可或缺，就意味着你要为他人服务。

个人的真实影响力其实是一种社会能量，其来源在于一个人因为帮助他人达成心愿而成为大家心目中的最佳人选。你为他人服务，而他人希望你能获得成功。然而，这绝非简单的等价交换，而是出于他人对你以及你的行为油然生发的一种崇敬之情。他们希望你做强做大，因为你的强大有益于他们的自身发展，他们可以跟着你一起向好。拥有真实影响力的职场达人终将体会到何为“助人即助己”。

这就是积聚盘旋上升的正能量的方式。

每谈及此，就会有人打断我说：“哎，稍等，你所说的盘旋上升的正能量不就是职场达人和他们心中的优质客户（当然这些人自身也大都是职场达人）之间的彼此连接、互相增值的小圈子吗？这不就是以前建立所谓‘关系网’的一个新说法？”

他们当然可以这样理解。但我对“关系网”一词持保留意见，因为它暗含着某种负面的信息。经常有人告诉我：“我讨厌拉关系，讨厌关系网。”有意思的是，说这话的往往是有优质客户的职场达人，他们同时也是其他职场达人的优质客户。这些人之间就形成了一个不断盘旋上升的人际网络，尽管他们自认为讨厌“关系网”。

这是为什么呢？

因为关系网暗示着利用他人满足自身需求的关系网络。一个人四处社交、拉关系的目的就在于获得一些实质性的工作利益，而这些利益的获得有时是出于私人关系的亲疏远近，有时是出于组织机构内部的政治运作，又或者你为他人打开方便之门是为了自己也可以得到相应的回报。

这种观点其实反映的是虚假影响力的思维模式。在本书的前几条法则中我们已深入探讨了一个人如何利用自己的虚假影响力（阿谀奉承、行贿受贿或恐吓威胁）获得自己想要的东西。所以，这么多人不喜欢“关系网”一词情有可原。

事实上，通过虚假影响力建立关系网的人是没有任何真实影响力的。大家对一目了然的虚假影响力都很反感。试图建立真实影响力的人会从完全相反的角度看待人际关系，他们会自问：“我能够为对方做什么呢？”他们不会将他人的需求看作负担，而是看成彼此增值的机会，目的在于双赢。**他人的需求不是压垮你的负累，而是推动你不断向上发展的一股力量。**

积聚盘旋上升的正能量的途径：

- 自己首先成为职场达人。
- 在需要时能找到其他合适的职场达人。与此同时，成为别人心目中的优质客户。
- 抓住机会培养新的职场达人。

THE ART OF BEING INDISPENSABLE AT WORK

培养职场达人主义的关键

有时，职场达人之间互相吸引的松散的联盟关系也具有明显的传染性。

有一家中型连锁餐厅在企业经营方面苦苦挣扎。随着店铺相继倒闭，企业前景日趋惨淡。然而，有几家餐厅却在一些关键指标上逆势而上，店里的客流量、整体收入和服务评级都相当不错，员工的离职率也很低。其中有一家甚至可以说生意兴隆。

那么，为什么这几家餐厅会异军突起呢？它们并没有诸如“餐厅位置好”这样的特殊原因。实际上，它们和其他餐厅一样需要面对有限的人工、广告和食材预算问题。我决定一探究竟，“例外”正是我们的研究重点。

是这几家餐厅做到了其他餐厅没有做到的事吗？研究结果表明并没有。它们只是努力付出，力图做到最好。究竟是怎么做的呢？经过仔细分析，我得出了以下结论：这几家餐厅的经营团队踏实肯干，团队成员之间积极合作，良好的工作态度是具有传染性的。的确，这几家餐厅无一例外地有一位极其出色的领头人：勤奋努力、乐观聪明、爱岗敬业。也就是说，他们是典型的职场达人。

更重要的是，在他们每个人的身边又有一批新的职场达人成长起来。最后，在这几家餐厅内部形成了一种职场达人主义的文化氛围。大家建立起了协同合作的团队精神。正因为每个人的努力和付出，餐厅的运营状况变得越来越好。可以说，这几家餐厅的运营团队很特殊。

有一次，我问其中一家餐厅的助理经理，他们成功的秘诀是什么。他说他们曾经不得不面对新员工走马灯似的频繁更换的问题。每来一批新员工都要消耗人工预算并重新培训，结果往往徒劳无功。“后来我们开始想建立一个小型的核心团队，”他说，“团队成员和总经理承诺会多做事，多承担，一人分饰几角甚至加班，等等。”

这个核心团队的设想大获成功，店里的顾客越来越多。“我们一直都很清楚总公司也许会走向破产，”他补充道，“尽管如此，我想当我们回头看的时候，我们都为自己是核心团队的一员而倍感自豪。”

成为一名职场达人

在本书的开篇我就列举了职场达人的一些必备素质：

- 对他人有价值。
- 保有积极的、为他人服务的态度。
- 努力工作。
- 工作出色。
- 富有创造力且坚韧不拔。
- 为完成工作勇于担责。

我希望在本书的论述过程中已阐明其他的必备素质：

- 坚信真实影响力的特殊计算公式。
- 在各个方位的工作关系中与同事保持步调一致。无论身在何处都可以成为领导者。
- 知道何时说“no”，如何说“yes”。
- 专业地工作，有始有终。
- 协同合作，渐入佳境。

始终如一地做到以上几点是战胜过度承诺综合征的唯一方法，反之亦然。

另外，成为组织机构中唯一的职场达人是不明智的。你一个人成为职场达人是不够的。因此，请确保：

- 在有需要时能够找到其他的职场达人。
- 抓住机会培养新的职场达人。

我在书中一直在强调系统性地建立一个又一个的工作关系至关重要。当组织机构内部形成一股不断盘旋上升的正能量时，真实影响力会让大家在协同合作的过程中互相增值，越来越好。

成为职场达人的优质客户

许多你心目中的优质客户同时也会是你有需求时寻求帮助的职场达人。你们之间会建立彼此服务的工作关系。如果你是别人的客户，你应该怎么做呢？答案当然是成为他心目中的优质客户。为此，你可以做到以下几点。

规则 1：了解动物园里都有谁。在法则 5 中我曾提到过一位特别出色的职场达人玛丽·特劳特。她是我最喜欢的一位行政总裁，这条规则就是她教我的。她说："你得清楚动物园里究竟有谁：谁是泰迪熊，谁是老虎，谁是蛇。你要认清在组织结构内部各个领域的玩家都有谁，在各个方位上清楚他们各自的优势和缺陷。你要思考如何才能与对方展开积极有效的合作。想办法发现你身边的职场达人，找到能满足你工作需求的方法。”

如果你初来乍到，这条规则尤为重要。如果你新加入的组织机构历史悠久，拥有一批老员工，或者你在某个组织机构是老资格，但组织内部最近吸纳了不少新鲜血液，那么你都需要格外留意这条规则。

规则 2：就近原则。从认识的人那里开启工作。如果从不认识的人那里开始，你要先了解对方，再来判断对方是否值得信赖。但是，对于你认识的人，基于以往的合作经验，你可以直接信任对方。

从你心中一贯优质的客户那里开始工作，并寻找和提早规划未来再次合作的机会。在你的优质客户中，谁是职场达人？你对他的工作范围足够了解吗？

你清楚自己可以为对方做什么，知道他是如何工作的，也知道你们之间要如何互动，那么你是否清楚对方能够为你做什么呢？他所执行的任务、所担负的职责和所参与的项目在哪些方面可以满足你的需求呢？

成为对方的优质客户，给对方增值的机会。（参见规则 5。）

规则 3：多方了解口碑。你知道的职场达人并非随时有空，或者并非总能满足你的需求。

然而，他们也许认识其他可以满足你的需求的职场达人。在这种情况下，请首先让对方为你推荐。其次，充分利用自己的人脉资源，也许你会听到某个朋友的朋友的名字。之后，你可能会相继听到有关第二个、第三个人选的建议和意见。请仔细比较之后做出最终的决定。

一个人的口碑的确是口耳相传的。你的名声就来自曾经与你共事过的每个人私下对于你或好或不那么好的评价。所以，一个人的口碑是他在同事中基于工作表现而建立的名声，也是一个人真实影响力的直观体现。

有的人会被大家一致评价说："此人工作出色，易于合作。你会想要和他共事。"而有的人则会被评价为："你应该不会想和他这样的人合作。"字里行间满是故事。还有一些人，大家的说法比较模糊。我们对待口碑要谨慎，不能漠然视之。即使偶尔口碑带上了某种"八卦"的色彩，也请记得"八卦"也是一种信息，而且"八卦"到最后往往十之八九是真的。

只有通过多方问询，你才会了解到更多的信息。对每一条信息不能尽信，请多听取第二方和第三方的意见。

规则 4：研究组织结构图。如果仅凭口碑无法获取需要的信息，那么你需要充分利用组织结构图和员工目录。你会惊讶地发现很多组织机构对组织结构图和员工信息都有非常及时的更新，可惜使用和参考这些信息的人并不多。

想要有的放矢地找到合适人选，你需要仔细研究组织结构图，知道什么人具体负责什么工作或职责，清楚你可以在什么时间在哪里为了什么事而找到什么人。请了解并及时更新组织机构内部每个人的工作事项和工作内容，建立起相应的工作关系。

规则 5：成为一名优质客户。一旦找到能够帮助你的职场达人，你也应该在彼此合作的过程中成为对方的优质客户。如何理解呢？首先，你可以给对方介绍更多的业务，既可以是来自你的业务，也可以是经由你推荐或牵线搭桥的业务。也许，优质客户就劳动报酬或其他事项等会要价过高，问题是优质客户真的会要价太高吗？不，不会。除非双方的合作关系掺杂了腐败因素，否则优质客户的要价都是合理的。

当然，成为一名优质客户远不只是介绍业务或掏钱那么简单。你可以帮助对方建立口碑，出具推荐信，在合作过程中建立舒适、轻松的互信关系。今天出售给你某样东西或者帮助你的人也许明天就是你的顾客、你的上级、你的直系下属、你的同事、你的老师、你的朋友或姻亲叔伯，谁说得准呢？

此外，优质客户会因出色的服务而得到更多的回报。优质客户通常会得到最优惠的价格、免费的样品、快速交货、周末或节假日期间的加班加点等服务。为什么呢？因为优质顾客是最易于合作的对象。这不仅意味着你和对方在工作中彼此熟悉、态度友好，而且也意味着你需要：

- 在正确的时间和正确的人做正确的事（提示：要有大量的前期调查）。
- 事先做好准备，充分利用好对方的时间。
- 先检查和确认自己的垂直关系是否对齐。这样，你不会在事情开始推进后突然告诉对方“不好意思，我的老板说我们需要有所改变”或者“我的下属或团队说我们必须有所改变”。
- 微调自己的需求，并以清晰明确的提案方式提出。
- 沿着这些思路仔细思考“no”的门槛：行，能做（有可能会成功）；行，可以做（法律、规则、制度、老板允许做）；行，应该做（这么做有很好的投资回报率）。
- 制订工作计划。帮助你的合作者以更好的方式来帮助你。
- 全程跟进，建立联系：送出自己的超声速感谢信。进行事后的复盘和检视，为下一次的合作做好规划。

如果你能做到以上几点，那么你将得到盘旋上升的正能量。

抓住机会培养新的职场达人

我几乎每天都在强调，“职场达人主义”当中很重要的一环就是不遗余力地在组织机构内部各层面挖掘有潜力的优秀人才，继而花费自己的心力去培养他们。

通常，很多人的第一反应是：“这主意不错，可谁有那个时间呢？”第二反应是：“是该这么做，但我好像资历不够，也没有坐在那个位置上。”当然，还有第三种反应：“职场可是你死我活的战场，我为什么要拿出自己的时间去帮别人，为他们的职业发展添砖加瓦呢？”

如果这本书你读到现在，你的反应还是第三种，那么很遗憾，显然我所讲的你一点儿也没读进去，为什么还要接着读呢？

职场达人值得你付出心力。事实上，如果你的身边缺少职场达人，那么很多工作将无法顺利完成。无论在你的身边、团队中还是组织机构中，职场达人永远也不嫌多。第一种和第二种反应可以理解，但事实上你既有时间这样做，也不需要什么特定的资格才可以这样做。

我所讲的培养并不是指你要成为指导同事或直系下属进行职业规划的导师（尽管你会需要指导下属）。我的意思是为什么不帮助和你一起工作的人将工作做得更好呢？如果想让对方变得更好，你能够提供什么样的帮助呢？你可以在工作互动的过程中帮助对方变得更好。

这是你的地盘，帮助别人变得更好。你帮助他人变得更好的过程就是提高对方生产力的过程。对方因此在做某件事（或处理类似的情况）时会不断地增值。

如果你是上级，那么你的职责之一就是让员工变得越来越好。你有责任成为一位教练式或教师式的上级。你要向对方明确你对每一步的具体期望，实时跟进，给予指导和支持，追踪对方的表现，排除故障，解决问题，并最终给出反馈。

对于培养自己的直系下属，你可以做些什么呢？对于那些有望成为职场达人却内心不坚定的人，你又可以做些什么呢？答案是帮助他们更快速也更好地完成更多的工作，让他们懂得如何更高效、更专业地工作。你应该以身作则，以一种积极的态度引导对方，鼓励他们为了更高的目标而持续不断地学习和成长。

如果你希望团队里的成员个个都是职场达人，那就意味着你要诚实地甚至无情地分析现状，以帮助每一个人变得更好。你无法忍受团队中有浪费资金、无法做出改变的低绩效者。他们总会制造出需要其他人出面解决的问题。高绩效者排斥与这样的人一起工作，进而考虑是否需要淘汰这些低绩效者。

一旦你选择遵循"没有低绩效者"的工作标准，那么你实际上就要帮助每一位留下来的员工在日复一日的工作中变得更好，成为职场达人。

不必等到成为老板才去帮助他人变得更好。无论你身处组织结构图中的哪个位置，你都可以通过自己的以及与他人合作的工作方式成为其他人效仿的好榜样。

懂得“助人即自助”的道理。通常，你给予他人的帮助，对方会铭记于心。他们中的很多人终有一天会成为能够独当一面的职场达人。谁知道在未来的什么契机下你们又会再次合作互助呢?

所以，当你在帮助和成全他人的时候，你会为自己建立起和打压他人完全相反的好名声。你的好名声会为你赢得众人的支持，有时甚至是一边倒的支持。他们为什么会不支持你呢?

总而言之，这就是职场达人主义，这就是在团队中不可或缺的艺术。

更高效、更稳健、更快乐的职场达人主义

无论你是正在四处打零工的人，还是身处发生协同合作变革的职场中的小兵，职场达人主义都会让你更高效、更稳健、更快乐。

职场达人主义具有商业价值吗?它有效地将交流沟通、决策制订和协同合作的权力尽可能地下放到了指挥链的下游。它让你在各个方向的工作关系中与他人保持步调一致。同时，它赋予你权力，以便你能专业地、有始有终地工作。在职场达人主义盛行的地方，包含信息交换、决策制

订、项目规划、资源共享和执行操作在内的所有工作都能顺畅高速地运行，从而减少浪费和不必要的问题。

职场达人主义对个人有价值吗？它会让你更好更快地做更多正确的事。你踏出的每一步都在为你赢得真实影响力，帮助你战胜过度承诺综合征。

读到现在，我相信你已经很清楚这种工作方式的能量有多强大。也许正因如此，你才会想要私自留存，让它成为帮助你在工作中变得不可或缺的秘密武器。你想将这些新观点和新习惯留为己用，帮助自己稳获战略优势。你可以跟着这个思路继续往前走，但是你会发现这条路可能走不通。

因为你的工作伙伴一定会看到你的变化，他们会问你："你的这套工作方式叫什么呀？你怎么会又快又好地完成如此多的工作呢？你看上去对自己的时间和任务尽在掌握，甚至对和谁一起工作也有着更多的选择，人人都想和你一起工作。这是怎么做到的？"

你可以尝试只在一个小范围之内，比如和自己最主要的合作者分享"秘籍"。也许，它会在一段时间之内给你和你的优质客户带来一定的优势。

然而紧接着，很多人都会留意到你的变化。大家开始源源不断地来问你，消息不胫而走，越来越多和你一起工作的人会以你和你不断扩展的人脉资源为榜样。这势必会帮助更多的人成长为职场达人，最终反过来让你的工作更轻松、更出色。

为什么要把这样的好消息私藏起来呢？职场达人主义可以为你的团队、你的部门甚至整个公司带来新的职场文化。它当然也可以被引入你的生活，惠及你的家人和朋友。很快，职场达人主义所蕴含的人与人之间的善意和良性循环开始跨越界限。

职场达人主义也许会带来一场新兴的运动。谁知道呢？

职场达人的 TIPS

THE ART OF BEING INDISPENSABLE AT WORK

- 将模糊的价值观转化为员工可以付诸行动的具体措施。
- 通过了解员工，帮助他们清晰定位并理解自己对公司的价值。
- 发现心中有使命感的人，给他们机会实现理想。
- 培养职场达人主义，营造每一位员工在工作中不可或缺的团队文化。
- 即使在缺乏职场达人主义文化的氛围里，也要一直做最好的自己，这会带动周围其他人的发展。个人的出色将提升整个部门或团队的门槛和标准。
- 职场达人主义传递出一种基本的价值观：想要在工作中不可或缺就意味着你要为他人服务。
- 不遗余力地在组织机构内部各层面挖掘有潜力的优秀人才，继而花费心力去培养他们成为职场达人。

在新的工作世界不可或缺

这本书稿完成后不久，新冠肺炎疫情在全球暴发，夺走了无数人的生命，让大家人心惶惶，也彻底扰乱了我们赖以生存的整个世界的秩序。可是，又有谁能预想到这一严峻的全球挑战原来会离我们如此之近呢？

在工作要求日益提高且充满不确定性的现代职场，如何能脱颖而出恰是本书想要回答的问题。它可以帮助你在优先事项不断变化、权力和职责并不明晰的工作环境中把控方向，乘风破浪。与此同时，当我们在职场中面对诸多不可控的因素时，应如何思考与行动，这本书提出了切实的意见与建议。

因为疫情，这个世界让我们深感恐慌和难以预料。我从未设想过这本书会成为后疫情时代的《人性的弱点》。毫无疑问，这本书的内容丝毫不涉及如何保持社交距离、做好个人防护、勤洗手、居家办公或是视频会议。这场疫情究竟会如何重塑我们的社会和职场环境尚未可知。

但是，我们亲身经历的一切已经清楚地说明，“变化”会在几乎毫无预警的情况下突然发生。如今，越来越多的工作场域已完全虚拟化，组织结构图实时更新，人际互动几近消失，屏幕交流成为主流，甚至原本最具价值且被广泛认同的工作任务和社会实践也正在遭受着根本性的挑战。

那么，如果我说这本书的出版恰逢其时，甚至比以往任何时候都更为重要，原因何在？

首先，当周遭的一切逐渐失控，你会做什么？你能做什么？实际上，你唯一能做的就是做好自己的分内事。

当大繁荣转向崩溃，谁才是不可或缺的那个人？我认为这个人应该具备这些特质：无论发生什么都能持续不断地自我增值，带领大家走出困境；团结他人，凝聚人心，帮助大家尽快适应并疾速反弹；一如既往地在预算内快速并高效地完成工作；在整个过程中持续拓展而非破坏自己建立的工作联系。

具备上述特质的人，我称其为总是可以解决问题的“职场达人”。多年以来，他们一直都是我的研究对象。他们的思维方式和行为方式恰恰是本书中的很多建议得以提出的基础。他们就是职场中优秀到不可或缺的职场达人，是我们在顺境中积极进取，更是在逆境中砥砺前行的引路人。

其次，“做好自己的分内事”在具体的工作环境中一点儿也不容易。无论你和你的同事在组织结构中的位置如何，你们都比以往任何时候更需要互相合作，彼此依赖。即使疫情结束，仍然会有很多人将延续防控期间的工作模式进行远程工作。可以确信的是，在可预见的未来，每个人都必将承受更大的压力，不仅被期许着能少花钱多办事，还要能一路过关斩将，扫清障碍。

每一项新的要求都好比一通求救电话或一个特殊时机。在这个充满焦虑的新世界，相信你不想让任何人感到失望，并力图证明自己就是团队中的核心员工。

在后疫情时代，想成为这样的职场达人会让你比以往更容易患上过度承诺综合征。我们需要对此时刻保持警觉。如果你试图面面俱到、让人人都满意，结局往往会是顾此失彼、无人满意。

最后，管理自我、管理自己诸多的工作关系、管理时间和个人才能等职场竞争力也比以往任何时候都需要更多的悟性和技巧。

尽管本书提供的实用技巧并非专门为后疫情时代而设计，但也许正是此时此刻人们需要的：

- 建立起真正为他人服务的意识，正所谓“赠人玫瑰，手留余香”。你服务的对象越广泛，且每一次互动的过程中你都在让对方增值，那么你所能获得的回馈与帮助也将越大。
- 如果你在职场的指挥系统中稳定地发挥着作用，并且做出了一系列正确决定，那么将会有更多的人愿意与你一起工作，并充分尊重你的意见。
- 当你每次都把事情完成得既出色又高效，人们会一直保有对你的信任。

“与他人建立联系”是关键所在。在后疫情时代，面对各种不确定性，“人”才是我们在这个世界中的主心骨。人与人的连接与互动是彼此获得力量与安全感的途径。成为一名职场达人，并与那些你觉得值得信赖的职场达人一起搭建起一个资源平台，你们将可以彼此效力，互相成就，一起为下一次大繁荣的到来添砖加瓦。

未来，属于终身学习者

我这辈子遇到的聪明人（来自各行各业的聪明人）没有不每天阅读的——没有，一个都没有。巴菲特读书之多，我读书之多，可能会让你感到吃惊。孩子们都笑话我。他们觉得我是一本长了两条腿的书。

——查理·芒格

互联网改变了信息连接的方式；指数型技术在迅速颠覆着现有的商业世界；人工智能已经开始抢占人类的工作岗位……

未来，到底需要什么样的人才？

改变命运唯一的策略是你要变成终身学习者。未来世界将不再需要单一的技能型人才，而是需要具备完善的知识结构、极强逻辑思考力和高感知力的复合型人才。优秀的人往往通过阅读建立足够强大的抽象思维能力，获得异于众人的思考和整合能力。未来，将属于终身学习者！而阅读必定和终身学习形影不离。

很多人读书，追求的是干货，寻求的是立刻行之有效的解决方案。其实这是一种留在舒适区的阅读方法。在这个充满不确定性的年代，答案不会简单地出现在书里，因为生活根本就没有标准确切的答案，你也不能期望过去的经验能解决未来的问题。

而真正的阅读，应该在书中与智者同行思考，借他们的视角看到世界的多元性，提出比答案更重要的好问题，在不确定的时代中领先起跑。

湛庐阅读 App：与最聪明的人共同进化

有人常常把成本支出的焦点放在书价上，把读完一本书当作阅读的终结。其实不然。

时间是读者付出的最大阅读成本

怎么读是读者面临的最大阅读障碍

“读书破万卷”不仅仅在“万”，更重要的是在“破”！

现在，我们构建了全新的“湛庐阅读”App。它将成为你“破万卷”的新居所。在这里：

- 不用考虑读什么，你可以便捷找到纸书、电子书、有声书和各种声音产品；
- 你可以学会怎么读，你将发现集泛读、通读、精读于一体的阅读解决方案；
- 你会与作者、译者、专家、推荐人和阅读教练相遇，他们是优质思想的发源地；
- 你会与优秀的读者和终身学习者为伍，他们对阅读和学习有着持久的热情和源源不绝的内驱力。

浙江省版权局
著作权合同登记号
图字:11-2022-290号

图书在版编目（CIP）数据

如何成为团队中不可或缺的人 / （美）布鲁斯·图尔甘（Bruce Tulgan）著 ；白瑞霞译. -- 杭州 ：浙江教育出版社，2023.3
ISBN 978-7-5722-5361-4

Ⅰ. ①如… Ⅱ. ①布… ②白… Ⅲ. ①人际关系学—通俗读物 Ⅳ. ①C912.11-49

中国国家版本馆CIP数据核字(2023)第028296号

上架指导：商业新知

如何成为团队中不可或缺的人
RUHE CHENGWEI TUANDUIZHONG BUKEHUOQUE DE REN
[美] 布鲁斯·图尔甘（Bruce Tulgan） 著
白瑞霞　译

责任编辑： 刘姗姗
文字编辑： 陈　煜
美术编辑： 韩　波
责任校对： 胡凯莉
责任印务： 陈　沁
封面设计： ablackcover.com
出版发行： 浙江教育出版社（杭州市天目山路 40 号　电话：0571-85170300-80928）
印　　刷： 石家庄继文印刷有限公司
开　　本： 710mm × 965mm　1/16
印　　张： 16.5　　**字　　数：** 180 千字
版　　次： 2023 年 3 月第 1 版　　**印　　次：** 2023 年 3 月第 1 次印刷
书　　号： ISBN 978-7-5722-5361-4　　**定　　价：** 109.90 元

如发现印装质量问题，影响阅读，请致电 010-56676359 联系调换。